# La bête du Gévaudan

François Fabre, annexes par André Mellerio

Librairie Floury, Paris, 1930

© 2024, François Fabre (domaine public)
Édition : BoD • Books on Demand GmbH, In de Tarpen 42, 22848 Norderstedt (Allemagne)
Impression : Libri Plureos GmbH, Friedensallee 273, 22763 Hamburg (Allemagne)
ISBN : 978-2-3225-5586-4
Dépôt légal : août 2024

# TABLE DES MATIÈRES

Préface
- I. Premières apparitions de la Bête
- II. Lettres d'Auvergne
- III. Le mandement de l'évêque de Mende
- IV. La chasse du 7 février 1765 par le Gévaudan, l'Auvergne, le Rouergue
- V. M. Duhamel est remplacé par MM. Denneval
- VI. Méthodes de destruction de la Bête. Départ de M. Duhamel
- VII. Chasses de MM. Denneval
- VIII. Incursions de la Bête en Auvergne
- IX. Nomination de M. Antoine pour diriger les chasses
- X. Chasses de M. Antoine en Auvergne et en Gévaudan
- XI. Insolents méfaits de la Bête
- XII. La chasse dans les bois de l'abbaye des Chazes (Auvergne), le 21 septembre 1765
- XIII. La dépouille du grand loup à Clermont-Ferrand
- XIV. Destruction de la louve et de son louveteau
- XV. Comptes et dépenses faites par M. Antoine
- XVI. Décembre 1765
- XVII. Relation du curé de Lorcières
- XVIII. Le portrait et le pied de la Bête d'après le curé de Lorcières
- XIX. 1766

XX. Le 19 juin 1767
XXI. Longtemps après
Essai iconographique sur la Bête du Gévaudan
Bibliographie
Iconographie
Table des illustrations

# PRÉFACE

La bête du Gévaudan, un peu dans tous les milieux, est généralement regardée comme un mythe fabuleux, et son histoire comme une légende fantastique, capable, tout au plus, d'intéresser les petits enfants.

L'égide mystérieuse qui semblait la protéger contre les balles, cette facilité qu'elle avait de se dérober aux battues, ces nombreux méfaits commis en si peu de temps, en des lieux éloignés l'un de l'autre, la terreur superstitieuse qui *l'environnait, et les descriptions fantaisistes qui se répétaient et s'imprimaient, avaient fait d'elle un monstre extraordinaire dont les traditions, à travers les années écoulées, ont dénaturé davantage encore la personnalité.*

*D'autre part, le roman et le drame s'en sont emparés et lui ont donné un caractère d'invraisemblance difficile à faire disparaître.*

*Pourtant, hélas ! aucune réalité ne fut plus vivante et plus tristement constatée ! Les registres des paroisses, les correspondances diverses, les documents les plus authentiques attestent, de la manière la plus irréfragable, la vérité de son existence.*

*N'y avait-il qu'une seule Bête ; ou faut-il croire à la pluralité d'animaux malfaisants qui firent à cette période une sinistre illustration ?*

*Nous ne préjugeons en rien la question : au lecteur de se prononcer après avoir parcouru ces courtes pages, s'il les juge dignes de quelque intérêt.*

*Nous remercions cordialement les personnes qui nous ont donné en communication des documents ou des gravures et dont les noms sont cités en leur lieu, et, plus particulièrement M. André Mellerio, pour le concours précieux que nous a donné sa compétence dans l'iconographie des gravures, par quoi est illustré ce petit volume.*

François Fabre.

# CHAPITRE PREMIER

# PREMIÈRES APPARITIONS DE LA BÊTE

Une douloureuse nouvelle s'était répandue sur les confins de Gévaudan et de Vivarais : on racontait que « le 3 juillet 1764, au village des Habats, paroisse de Saint-Étienne-de-Lugdarès, en Vivarais, une jeune fille de quatorze ans venait d'être soudainement dévorée[1].

Le 8 du mois suivant, une autre fille âgée de quinze ans, du Masmejean, paroisse de Puy-Laurent, en Gévaudan, devenait également la proie d'une Bête inconnue[1].

Les populations de ces villages étaient dans un émoi bien justifié qui gagna les paroisses avoisinantes. Et quelle ne fut pas la surprise et la terreur de chacun, lorsqu'on apprit qu'à la fin de ce même mois d'août, un enfant de quinze ans, au village de Chayla-l'Évêque, paroisse de Chaudeyrac[1], en Gévaudan, venait de trouver la mort dans ces mêmes conditions !

Qu'était donc cette Bête cruelle, assez osée pour se jeter sur des créatures humaines et comment pourrait-on arrêter ses ravages ?

Ce qu'elle était, on ne le savait point exactement : elle avait, quoique plus agile et plus forte, la forme et les apparences d'un de ces loups féroces que l'on rencontrait fréquemment alors, dans ce pays de montagnes. Et pour la détruire, l'on n'avait d'autres ressources que de faire des battues et lui donner une chasse acharnée.

Aussi les hommes se levèrent, les seigneurs à leur tête ; mais, soit inexpérience, soit faute d'union et d'entente, ces premiers essais n'eurent aucun succès.

Et la Bête, que ces poursuites ne semblaient troubler aucunement, continua d'attaquer et de dévorer à belles dents ce qu'elle put rencontrer d'enfants à sa portée.

Au commencement de septembre, elle fit sa proie d'un autre enfant au lieu des Pradels, en cette même paroisse de Chaudeyrac. Le 6 septembre, à sept heures du soir, elle dévorait, au village d'Estrets, paroisse d'Arzenc, une femme de trente-six ans, et le 16, à six heures du soir, un garçon des Choisinets, paroisse de Saint-Flour de Mercoire, en Gévaudan[2].

Qu'allait-on devenir, si l'on ne réussissait pas à délivrer la terre de ce monstre féroce, qui, cantonné dans les environs de Langogne, rayonnait aux alentours, choisissant l'heure et l'endroit propices pour attaquer impunément ses victimes ?

Le syndic de Mende, M. Lafont, recevait les plaintes de ces pauvres gens, exposés journellement à une mort calamiteuse. Les chasses privées étaient insuffisantes ; fallait-il abandonner ces populations ? Le cas était d'autant plus urgent qu'une nouvelle victime, la septième en trois mois, une jeune fille de douze à treize ans, venait d'être dévorée au village des Thorts, paroisse de Rocles.

M. de Moncan, gouverneur militaire de la province de Languedoc, informé de la situation, avait déjà envoyé l'ordre à M. Duhamel, capitaine aide-major des volontaires de Clermont, d'aller donner la chasse à cet animal, avec un détachement de quarante dragons à pied et dix-sept montés, et de prendre ses cantonnements à Langogne. Cet officier, avec ses hommes, s'était mis à la tête des chasseurs, et par là avait apporté le bon ordre et la discipline dans leurs rangs, ainsi qu'une régularité bien nécessaire dans les opérations.

Le 21 septembre, un gros loup avait été tué dans la paroisse de Luc, mais ce n'était pas encore la Bête poursuivie.

Celle-ci, plus agile que les chevaux qui couraient après elle, plus rusée que les batteurs qui la traquaient et que les chasseurs qui la tiraient, bravait tous les efforts et se dérobait aux coups avec une incroyable facilité.

Toutefois, ces chasses journalières finirent par la déloger des environs de Langogne, et, au commencement d'octobre, elle vint établir son repaire dans les bois de Saint-Alban, du Malzieu et de Saint-Chély.

Là, elle ne tarda pas à signaler sa présence par de nouveaux méfaits. Le 7 octobre, elle dévorait, au lieu d'Apchier, une fille de vingt ans. Le lendemain, elle attaquait, au Pouget, paroisse de la Fage, un jeune homme de quinze ans, à qui elle écorchait une partie de la tête, puis elle dévorait une fille de douze à treize ans à Contrandès, paroisse de Sainte-Colombe, et enfin une autre de vingt ans, à Grazeires, paroisse de Saint-Alban.

De nouvelles chasses furent faites de ce côté, commandées par le sieur Mercier, dont on lit le récit dans des relations envoyées à M. Lafont par M. de Morangiès. La Bête semblait invulnérable : elle fut tirée, elle fut même atteinte, on la vit tomber et se relever pour s'enfuir au loin, — les chasseurs voient des choses si extraordinaires ! — on la crut morte. Mais point ; le lendemain elle dévorait de nouvelles victimes.

Le récit de ces carnages multipliés, de ces chasses infructueuses quoique vivement mouvementées, avait fait son chemin, et de ville en ville s'était répandu dans tout le royaume. Il n'était bruit que de ce monstre, et c'est de lui que les gazettes s'occupaient continuellement. À Paris, l'on ne désignait plus le Gévaudan que sous le nom de « Pays de la Bête ». On exagérait le nombre de ses méfaits, et l'on racontait sur ses ruses et son agilité des choses extraordinaires qui défiaient toute vraisemblance.

Cette Bête avait à peine été vaguement aperçue, l'on n'avait sur elle que d'imparfaites indications, et déjà les feuilles publiques la décrivaient, les gravures la représentaient, il faut voir avec quelle exactitude, telle l'estampe ci-contre qui courait le pays.

Le syndic de Mende avait défendu d'envoyer les femmes ou les enfants isolés aux pâturages, et les hommes eux-mêmes n'osaient plus sortir sans être armés d'un lourd bâton, d'une fourche ou d'une hache, surtout lorsqu'ils allaient faire leurs labours à proximité des bois.

Oh ! ces longues inquiétudes, ces angoisses pénibles qui torturaient les pauvres mères lorsque leurs enfants étaient aux pâturages ! Car il fallait bien de toute nécessité y conduire le bétail, les hommes étant occupés aux travaux des champs.

On résolut de concentrer tous les efforts sur Saint-Chély et le Malzieu. Au commencement de novembre, M. Duhamel avait reçu l'ordre de quitter Langogne et était venu, le 5, s'installer chez Grassal, aubergiste à Saint-Chély.

La Bête n'avait qu'à bien se tenir. On comptait la déloger comme l'on avait fait à Langogne ; bien mieux, on comptait la tuer, grâce à l'expérience que l'on avait maintenant de ses habitudes et de la manière dont elle procédait. Aussi les populations se reprirent à l'espérance et firent bon accueil aux nouveaux arrivants.

Comme ces poursuites étaient pénibles pour les hommes et pour les chevaux, M. Duhamel fit augmenter la solde de ses troupes, afin de les mettre à même de soutenir plus vigoureusement les fatigues inséparables de la besogne à laquelle il allait les employer.

Les chasses furent reprises avec une certaine régularité. M. Duhamel se proposait de se lancer aux poursuites, de deux jours l'un, et un ordre régulier de battues fut publié qui devait être ponctuellement exécuté.

Il écrivait à M. Lafont : « Il est bien constaté qu'il y a deux de ces animaux, plusieurs rapports le confirment. L'on dit même qu'ils sont presque toujours ensemble[3]. »

La Bête, ainsi traquée du côté de Saint-Chély, se jeta « dans l'Auvergne, dans cette partie de la province qui est entre Chaudesaigues et Saint-Flour. Elle fondit sur un troupeau de bêtes à laine, en un pâturage de la paroisse de Chauchailles. Une femme qui gardait ce troupeau voulut lui arracher un mouton qu'elle avait saisi. La Bête se lança sur elle et la blessa à la lèvre inférieure et dans quelques autres parties du visage et de la tête. Ses blessures n'ont point eu de mauvaises suites. La chose me fut rapportée le jour que M. Duhamel passa par ici[4]. »

Déjà même, le gouverneur de Languedoc avait cru devoir en référer à l'Intendant d'Auvergne :

« *À Montpellier, le 25 novembre 1764.*

« Vous êtes sûrement informé, M…, de tous les ravages qu'a causés et que cause encore un monstre qui rôde depuis environ quatre mois dans le Vivarais et le Gévaudan. Cette Bête féroce est actuellement dans les bois aux environs de

Saint-Chély, à trois lieues de l'Auvergne. J'ai chargé M. Duhamel, capitaine aide-major des volontaires de Clermont, de lui donner la chasse avec un détachement de quarante dragons à pied et dix-sept montés, tous hommes choisis et bontireurs et j'ai autorisé cet officier qui est un homme prudent et rempli de zèle de se servir des habitans pour faire des batües. On a vu cet animal et on lui a même tiré quatre coups de fusil à dix pas de distance sans avoir pu l'arrêter, et il a depuis dévoré plusieurs personnes. Comme il pourrait bien se jeter sur votre province dont il est à portée, j'ai cru devoir donner des ordres à M. Duhamel de l'y poursuivre s'agissant du bien public que vous aimés et que je suis persuadé que vous procurés autant que moi, c'est ce qui me fait espérer que vous voudrés bien ne point désapprouver ce parti ; j'ai même la confiance de croire que vous aurés la bonté, monsieur, de favoriser cette expédition en chargeant messieurs vos subdélégués et les maires et consuls des villes et lieux de votre généralité de donner à M. Duhamel toutes les facilités et les secours dont il pourra avoir besoin pour détruire ce monstre, si les chasses qu'on lui donne le font passer en Auvergne, et pour procurer les logements et les vivres et fourrages nécessaires à son détachement, en payant de gré à gré, je ferai part demain à la Cour de ce que j'ai l'honneur de vous marquer.

« J'ai celui d'être, avec un sincère et respectueux attachement, monsieur, votre dévoué et très obéissant serviteur.

« *Signé*, Moncan[5]. »

1. ↑ a, b et c Archiv. de Montpellier. C. 44. POURCHER, *La bête du Gévaudan,* p. 32 et suivantes.
2. ↑ *Ibid.*
3. ↑ POURCHER, p. 77.
4. ↑ Lettre de Lafont. *Ibid.* p. 82-83.
5. ↑ Archives du Puy-de-Dôme. C. 1731. Doc. inédit.

# CHAPITRE II

# LETTRES D'AUVERGNE

I L fut fait ainsi que de désirait M. de Moncan. L'Intendant d'Auvergne donna des ordres aux subdélégués qui les transmirent aux consuls, et tout fut ordonné et disposé pour que les battues fussent exécutées dans toutes les règles et que les dragons reçussent pour eux comme pour leurs bêtes ce qui était nécessaire dans ces journées mouvementées.

Le zèle des chasseurs était, en outre de la satisfaction bien légitime de délivrer son pays, stimulé par l'appât d'une gratification de deux mille livres que le 18 novembre, les États de Languedoc, sur la proposition de l'archevêque de Narbonne, promettaient à celui qui tuerait la Bête et qui en justifierait d'une manière non équivoque, tandis que les syndics de Gévaudan et de Vivarais avaient déjà promis, chacun de leur côté, une récompense de deux cents livres.

M. Duhamel se mit en relation directe avec l'Intendant d'Auvergne.

« Sur les représentations que j'ai eu l'honneur de faire à M. le comte de Moncan, commandeur de la province de Languedoc, touchant ce que j'aurois à faire, si, vu la proximité de l'Auvergne, la Bête féroce que je suis chargé de détruire y passoit, je viens de recevoir à l'instant des ordres pour y suivre ledit animal. M. le comte de Moncan me mande, M., qu'il a eu l'honneur de vous écrire à ce sujet pour vous prier de vouloir bien faire donner des ordres en conséquence pour que MM. les maires et consuls soient prévenus de mon arrivée, si j'étois relativement à ma commission obligé de m'y transporter avec mon détachement.

« Comme je n'ai rien tant à cœur que de tâcher de parvenir à détruire un monstre dont le publique souffre journellement, je vous supplierois, M., de vouloir bien faire ordonner à tous les maires et consuls de la généralité d'Auvergne, qu'ils ayent à m'informer sur-le-champ si le hazard faisoit qu'on y aperçut cette cruelle Bête, ayant l'attention d'employer pour cela des exprès sûrs et de ne donner que des nouvelles bien positives à cet égard, en me les adressant à Saint-Chély ; comme la prière que j'ai l'honneur de vous faire a pour objet le bien publique, je me flatte que vous voudrez bien l'approuver…

« À Saint-Chély, le 14 décembre 1764.

« Signé, Duhamel[1]. »

Ces mesures prises n'étaient point inutiles.

Au lendemain même de ce jour, l'on comptait une nouvelle victime. Aussitôt les consuls de Saint-Flour avertirent l'Intendant d'Auvergne de l'événement arrivé :

« Mgr... En exécution des ordres portés par l'honneur de votre lettre nous nous hattons de vous donner avis que la bette féroce est à deux lieues de cette ville et qu'elle dévora le quinze du courant à dix heures du matin auprès du village de Sistrières et aux environs des bois de Mgr de la Tour près la montagne de la Margheride, une fille âgée de quarante cinq ans, appelée Catherine Chastang, du lieu de la Fage, paroisse de Védrines-Saint-Loup. La tette de cette fille fut trouvée à cent pas du corps et le corps ettoit dévoré en partie. Cette malheureuse fut surprise par cet animal en gardant ses bestiaux. Depuis ce triste événement ce monstre n'a pas été veu de personne, et les habitants ont fait une chasse qui n'a rien produit.

« Si M. Duhamel se décide à poursuivre cet animal nous croyons devoir prévenir votre Grandeur qu'il sera très-difficile de loger la troupe et cet officier dans un pays isolé et dépourvu de tout et sujet à de grands froids qui empêcheront cet officier de pouvoir faire manœuvrer sa troupe. Il y a au contraire dans les environs, des particuliers en ettat de conduire cette chasse de les même favoriser s'ils avoient des ordres pour pouvoir contraindre les habitants des villages voisins parmi lesquels il y a de très-bons tireurs. Si votre Grandeur trouve à propos de nous procurer quelque chose à cet égard, nous remplirons ses ordres avec empressement, nous donnerons connaissance de ces derniers événements à

M. Duhamel, et nous n'en aprenons la confirmation et le détail que dans le moment par le curé du lieu.

« *Signé*, Vigier, 1ᵉʳ consul. Combes, 2ᵉ consul[2]. »

Ces consuls connaissaient probablement la fable de la Fontaine, « Le Jardinier et le Grand Seigneur », ou, s'ils ne l'avaient point lue, le bon sens de l'homme pratique qu'est l'Auvergnat de Saint-Flour, leur faisait prévoir que les dragons et leurs chevaux par le surcroît de dépenses et les dégâts inévitables qui résulteraient de leur présence, occasionneraient plus de torts au pays que ne pourraient en faire plusieurs Bêtes à la fois, et qu'en somme ils trouveraient chez eux, pour se défendre, assez de bonnes volontés, assez de fusils et assez de bras pour les porter.

Les événements, comme on le verra par la suite des faits, devaient leur donner raison.

M. Duhamel, averti de la présence de la Bête, était venu sans tarder se mettre à sa poursuite. Il raconte lui-même la chasse faite et les incidents qui la marquèrent :

« *À Saint-Chély, ce 24 Déc. 1764.*

« M. J'ai trouvé ici, à mon retour de la chasse que je viens de faire, la lettre que vous m'avez fait l'honneur de m'écrire. La bête féroce est bien à présent aux environs d'ici, car le 20 de ce mois elle a dévoré une fille à deux lieues d'ici : cette malheureuse pressée par un besoin étoit sortie et avoit passé dans son jardin qui tient à sa maison. Cette bête qui vraisemblablement étoit embusquée aux environs luy sauta dessus, luy arracha le col des épaules et luy emporta la tête. Le curé de cette paroisse ne m'instruisit de cet événement que le 21 à mydy. J'y envoyai sur le champ un maréchal-de-logis avec douze dragons à pied avec ordre de garder à vue le cadavre et d'y passer la nuit embusqué avec sa troupe et d'y attendre mon arrivée. Le lendemain, à la pointe du jour, je partis d'ici avec le reste de mon détachement, je me portai d'abord dans les forêts de la Baume à cinq lieues d'ici, où j'espérois trouver cette Bête. Les parroisses que j'avais fait commander la veille se trouvèrent bien exactement aux rendez-vous que je leur avois indiqués. Je fus assez heureux pour trouver effectivement cet animal dans la section battue, n'étoit l'imprudence de trois de mes dragons qui ne me savoient point posté si près d'eux, j'aurois tiré cet animal à quatre pas, car il venoit droit à moy et ne pouvoit m'apercevoir. Mais les dragons qui n'en sçavoient rien, crurent bien faire de courir après et luy firent changer sa marche, j'en suis inconsolable. Deux de mes fouriers à cheval poursuivirent cette Bête pendant près d'une demie heure, toujours prêts à la sabrer, et si près qu'ils ne voulurent pas se servir de leur carabine ny de leurs pistolets, mais il se trouva un marais impraticable, où ils ne purent passer à cheval et furent obligés d'abandonner l'animal qui gagna les bois. L'espoir de retrouver cette Bête dans la partie où je la laissois à la nuit me fit prendre le partie de coucher avec ma troupe sur la paille afin d'être plus à même de recommencer ma chasse.

LA BÊTE DU GÉVAUDAN, D'APRÈS UN BOIS.

« Je fis en conséquence commander trois paroisses où j'envoyai les ordres toute la nuit, tout ce monde se rendit bien exactement. Mais une pluie affreuse qui n'a pas discontinué depuis la pointe du jour jusqu'à six heures du soir m'a enfin forcé de rentrer sans me permettre de chasser.

« Je revins au village où étoit mon maréchal-de-logis de garde auprès du cadavre, et qui y avoit passé deux nuits sans apercevoir la bête qui y revenoit bien, mais que des paysans détournèrent maladroitement. Enfin, après avoir remis le cadavre entre les mains des parents pour qu'ils puissent le faire enterrer je rentrai icy pour y laisser reposer aujourd'huy ma troupe et luy donner le temps de nétoyer ses armes que la pluie a mouillées. Quoique je sois inconsolable de n'avoir point tiré cette bête que j'aurois bien sûrement maintenant si les dragons fussent restés à leur place, j'espère toujours en voir la fin ; donc, je me remets demain en chasse, peut-être serai-je plus heureux, je le désire bien sincèrement, je n'y épargne au moins ni soins ni peine, et je commande une troupe dont je ne saurois trop louer le zèle et la bonne volonté.

« D'après les ordres que vous avez bien voulu donner, M., dans votre généralité, je ne doute pas que je ne sois informé sur-le-champ, par des avis sûrs, si ce cruel animal y passait et je m'y porterais avec toute la diligence possible.

« J'ai l'honneur...

« Signé : DUHAMEL[3]. »

Cependant, la Bête ne dormait pas.

Ces poursuites multipliées semblaient lui fouetter l'appétit.

« Il est certain que cet animal parut dans les montagnes de la Margheride, le 15 du présent, au lieu des Gayx, paroisse de Védrine-Saint-Loup, et qu'elle y dévora une fille[4], elle attaqua aussi dans le même temps un jeune homme à qui elle enleva avec la griffe une partie de la peau du crâne, qui fut heureusement secouru au village de Chanteloube, mais on ne l'a plus vu depuis ce tems. Les habitants de Védrine-Saint-Loup firent aussitôt des battues dans partie des bois de la Margheride qui sont immenses et contigus, ils sont venus me dire qu'ils étoient prêts à faire de leur mieux pour la destruction de ce monstre et qu'il étoit essentiel de commander toutes les paroisses qui bordent la Margheride qui sont au nombre de seize, dont trois sont de la subdélégation de Langeac, telles que sont Pinols,... et Chastel. Je serai fort exact à vous donner des nouvelles sûres de tout ce qui se passera. J'en ferai pareillement part à M. Duhamel. J'ai instruit les paroisses de vos intentions à ce sujet. Le marché est fait avec l'exprès à deux livres par jour, et il a reçu à compte 4 liv. seize sols. »

L'intendant d'Auvergne, le 26 décembre, envoyait à ses délégués l'ordre de promettre en son nom six cents livres de récompense à qui « tueroit et reporteroit la Bête » et de mettre des placards pour en informer les paroisses intéressées.

Mais ce loup « qui parcouroit un espace de plusieurs lieues avec une asilité (sic) sans égale dans peu d'heures »[5] n'avait plus reparu en Auvergne. Il avait fait, au contraire, de nouveaux ravages en Gévaudan et deux jeunes filles venaient d'y être nouvellement dévorées, et l'on était fondé à croire à plusieurs animaux de cette espèce, veu la datte de ces différents événements[6]. »

M. de Saint-Florentin, alors ministre d'État, s'intéressait vivement aux chasses que l'on faisait et au sort malheureux des habitants du pays infesté.

« Je vous suis obligé, écrivait-il à M. de Ballainvilliers, l'Intendant d'Auvergne, de votre attention à m'informer des maux que la Bête féroce qui a déjà ci-devant désolé le Vivarais a déjà faits dans la partie de l'Auvergne où elle s'est réfugiée. Vous avez pensé, avec raison, que le meilleur moyen de la détruire étoit d'engager par l'espoir d'une récompense les gens du pays même à la poursuivre, car on augmentera sans doute l'encouragement en augmentant la gratification. Le roi trouve bon que vous promettiez jusqu'à douze cents livres et elles seront payées sur-le-champ à celui ou à ceux qui auront tué cet animal.

« L'expérience de ce qui s'est passé en Languedoc a fait connaître le peu de succès que l'on devoit attendre de détachements de troupes par lesquelles on lui faisoit donner la chasse, et l'on a pris le parti de le rapeller.

« Je vous prie de continuer à me faire part de tout ce que vous aprendrez à ce sujet.

« *À Versailles, le 31 déc. 1764*[2]. »

Les prévisions des consuls de Saint-Flour s'étaient justifiées. Les dragons n'avaient pas eu le succès espéré, et d'autre part leur présence était pesante pour ces populations appauvries. Aussi M. Duhamel se vit effectivement rappeler dans son quartier, mais, après réflexion mûre, il fut, ainsi qu'on le verra, remis de nouveau, peu de jours après, à la tête des chasseurs pour faire une dernière tentative, contre cet animal maudit.

1. ↑ Archiv. du Puy-de-Dôme. C 1731. Doc. inédit.
2. ↑ Archives du Puy-de-Dôme. C. 1731. Doc. inédit.
3. ↑ Archives du Puy-de-Dôme. C. 1731 Doc. inédit.

4. ↑ L'an mil sept cens soixante quatre et le 17 Déc. en conséquence des réquisitions à moi faites par M. J. Servant, procureur d'office de la justice de Monfict, avons inhumé dans le cimetière, un cadavre féminin que ledit Servant nous a dit avoir trouvé dans le bois de la Balsie, appartenant à M. le comte de la Tour d'Auvergne et avoit été dévoré par une Bête féroce, et c'est en présence de J. Defix et Jos. Molinier signés cabaretiers du lieu et paroisse de Védrines S$^t$ Lou… Molinier, Archer, Barthomeuf, curé. (Arch. du greffe de Riom, cour d'appel.)
5. ↑ Lettre de M. de Montluc, 29 déc. *Ibid.*
6. ↑ Lettre de Vigier, consul de St-Flour, du 2 janv. 1765. *Ibid.*
7. ↑ Archives du Puy-de-Dôme. C. 1731. Doc. inédit.

# CHAPITRE III

# LE MANDEMENT DE L'ÉVÊQUE DE MENDE

En face de ces douloureuses infortunes que ne consolait point l'espérance d'une prochaine délivrance, l'évêque de Mende, Mgr de Choiseul-Beaupré[1] s'était senti ému d'une profonde pitié.

Là où le bras de l'homme était impuissant, l'assistance de Dieu serait peut-être plus efficace. Cette calamité sans précédent n'était-elle point un fléau que le Ciel envoyait pour punir les crimes de la terre ? Et alors ne convenait-il pas de joindre au secours des armes, l'aide de la prière ?

En conséquence, l'Évêque, dans un mandement du 31 décembre 1764, ordonna que le 6 janvier de l'année qui allait s'ouvrir, le Saint-Sacrement serait exposé dans toutes les églises du diocèse, et que les prières publiques des quarante heures seraient récitées.

« Une bête féroce, disait ce mandement, inconnue dans nos climats, y paraît tout à coup comme par miracle, sans qu'on sache d'où elle peut venir. Partout où elle se montre, elle laisse des traces sanglantes de sa cruauté. La frayeur et la consternation se répandent ; les campagnes deviennent désertes, les hommes les plus intrépides sont saisis de frayeur, à la vue de cet animal destructeur de leur espèce, et n'osent sortir sans être armés ; il est d'autant plus difficile de s'en défendre qu'il joint à la force la ruse et la surprise. Il fond sur sa proie avec une agilité et une adresse incroyables ; dans un espace de temps très-court, vous le savez, il se transporte dans des lieux différents, et fort éloignés les uns des autres : il attaque de préférence l'âge le plus tendre et le sexe le plus faible, même les vieillards en qui il trouve moins de résistance.

« ... Pères et mères qui avez la douleur de voir vos enfans égorgés par ce monstre que Dieu a armé contre leur vie, n'avez-vous pas lieu de craindre d'avoir mérité par vos dérèglements que Dieu les frappe d'un fléau terrible ? Souffrez que nous vous demandions un compte de la manière dont vous les élevez ; quelle négligence à les instruire des principes de la religion et des devoirs du christianisme ! Quel soin prenez-vous de leur éducation ?

« ... On vous voit bien moins occupés de leur salut que de leur fortune et de leur avancement pour lequel tout vous paraît légitime, et de ces passions naissantes que vous auriez dû arrêter et étouffer par des corrections salutaires, vous prenez soin au contraire de les nourrir et d'en faire éclore le germe… Après cela faut-il être surpris que Dieu punisse l'amour déréglé que vous avez pour eux par tant de sujets d'affliction et de douleur qu'ils vous préparent pour la suite de votre vie…

« Entrons dans le dessein de Dieu qui ne nous frappe que pour nous guérir ; si nous cessons de l'offenser, ses vengeances cesseront aussi, sa colère fera place à ses anciennes miséricordes. Le monstre redoutable qui exerce sa fureur contre nous ou sera exterminé, ou Dieu le fera disparaître pour n'y plus revenir.

« Loin de vous cette pensée folle que ce monstre est invulnérable, que les pasteurs et tous ceux qui sont chargés du sort des âmes s'appliquent à dissiper par de solides instructions ces contes fabuleux dont le peuple grossier aime à se repaître, et à bannir de son esprit tout ce qui ressent l'ignorance et la superstition.

« Cet animal, tout terrible qu'il est, n'est pas plus que les autres animaux à l'épreuve du fer et du feu. Il est sujet aux mêmes accidents, et à périr comme eux, il tombera infailliblement sons les coups qu'on lui portera dès que les moments de la miséricorde de Dieu sur nous seront arrivés…

« Déjà cette miséricorde nous a ouvert une ressource : les États de la province, sensibles aux calamités de ce pays, ont accordé une gratification à celui qui l'en délivrera, et nous avons lieu d'espérer que plusieurs bras s'armeront pour nous secourir. Mais soyons bien persuadés que ces moyens humains et tous ceux que nous sommes obligés d'employer pour notre défense n'auront d'autre succès que celui qu'il plaira à Dieu de leur donner ; supplions-le donc très-instamment de les bénir et de les faire réussir[2]. »

L'Évêque de Mende, en somme, ne se bornait pas à demander seulement des prières. Aide-toi, le ciel t'aidera. Il demandait aussi à la vaillance et à la dextérité des chasseurs la délivrance de son diocèse, et, par la peinture de toutes ces infortunes, il cherchait à apitoyer les cœurs et à les convier à une entente et à des efforts énergiques pour la destruction de ce monstre insaisissable.

Enfin, pour appuyer d'arguments plus irrésistibles ses exhortations, il promettait mille livres à l'heureux vainqueur qui purgerait la terre de ce fléau.

La terreur et les croyances superstitieuses auxquelles ce mandement faisait allusion en essayant de les combattre, étaient en effet d'une exagération inconcevable que nourrissaient les feuilles publiques, les relations imprimées et les complaintes chantées qui se colportaient dans les villages.

L'une d'elles dépeignait ainsi le monstre :

« La Bête féroce qui a paru dans le Gévaudan au mois de novembre dernier, et qui fait tous les jours de si grands ravages dans cette province ainsi que dans le Rouergue où elle se montre si souvent, a la gueule presque semblable à celle du lion, mais beaucoup plus grande, des oreilles qui, dressées, passent la tête de quelques pouces et se terminent en pointe ; le cou couvert d'un poil long et noir qui, étant hérissé, la rend encore plus effroyable ; outre deux rangées de grosses dents pointues, elle en a deux en forme de défense, comme les sangliers, lesquelles sont extrêmement pointues ; ses jambes de devant sont assez courtes, mais les pattes sont en forme de doigts et armés de longues griffes ; son dos ressemble à celui qu'on nomme requin et cayman, il est couvert d'écailles terminées en pointes ; ses pattes de derrière sont comme celles d'un cheval, et il s'y dresse dessus pour s'élancer sur sa proie ; sa queue est semblable à celle du léopard, et est même un peu plus longue, son corps est de la longueur de celui d'un veau d'un an, couvert de côté et d'autre d'un poil ras de couleur rousse et il n'en a point sous le ventre[3]. »

Il est inutile d'ajouter que l'animal ainsi fantastiquement décrit n'avait de réalité que dans le cerveau des auteurs de la relation citée.

Il ne faut pas s'étonner de voir faire une description aussi fantaisiste par des personnes qui, vivant loin de là, n'avaient jamais aperçu l'animal en question, puisque M. Duhamel qui l'avait lui-même pourchassé, vu et serré de près, dans une lettre à l'Intendant d'Auvergne, en faisait un portrait assez singulier :

« Je vous envoye, M., le détail « exat » de la figure de la Bête féroce après laquelle je cours.

« Cet animal est de la taille d'un taureau d'un an. Il a les pattes aussi fortes que celles d'un ours, avec six griffes à chacune de la longueur d'un doigt, la goeulle (*sic*) extraordinairement large, le poitrail aussi long que celui d'un léopard, la queue grosse comme le bras est au moins de quatre pieds de longueur, le poil de la bête noirâtre, les yeux de la grandeur de ceux d'un veau et étincelants, les oreilles courtes comme celles d'un loup et droites, le poil du ventre blanchâtre, celui du corps rouge avec une raye noire large de quatre doigts depuis le col jusqu'à la qüe (*sic*).

« Je crois que vous penserez comme moi, que cet animal est un monstre dont le père est un lion ; reste à savoir quelle en est la mère.

« J'avois reçu des ordres pour rentrer avec mon détachement dans son quartier, mais huit jours après y être rentré, S. A. Mgr le comte d'Eu m'a envoyé des ordres pour retourner à la poursuite de ce monstre avec le même détachement. Je suis arrivé ici le 10 de ce mois, avec ordre de suivre cet animal partout où il yra jusqu'à ce que je l'ai enfin entre les mains…

« DUHAMEL[4]. »

La génération actuelle sourit à l'imagination naïve et féconde de ce brave officier, et ne souscrit point à ce portrait « exat » que démentirent catégoriquement les captures faites plus tard et l'inspection de toutes les bêtes qui tombèrent une fois ou l'autre sous les coups des chasseurs[5]. On ne s'explique pas d'où pouvait venir cet étonnant mirage, cette exubérante exagération ! Ce qui était indiscutable, c'était l'existence même de la Bête qui semblait prendre plaisir à attester sa présence et déceler ses instincts sanguinaires par des méfaits sans cesse renouvelés.

Le 2 janvier, elle est au Mazel de Grèzes, près Saugues. On lit, en effet, dans les registres de paroisse :

« L'an mil sept cens soixante-cinq et le deuxième du mois de janvier, a été dévoré par la bette féroce Jean Châteauneuf, du Mazel, sur notre paroisse, âgé d'environ quatorze ans, et les débris ont été enterrés le lendemain au cimetière de cette paroisse, tombeau de ses prédécesseurs, en présence de Jean Maurin et de Jean Bret, qui ont déclaré ne sçavoir signer de ce en quis et requis.

« *Signé* : De ROCHEMURE[6]. »

Au jour même où se faisaient les prières ordonnées, elle apparaît à Chaudesaigues.

« *À Chaudesaigues, le 7 Janv. 1765.*

« Mgr… J'ai cru qu'il est de mon devoir d'instruire Votre Grandeur du dégât que cette beste farouche vient de faire le six du présent mois dans notre voisinage où elle a égorgé dans le même jour une femme et une fille dans deux endroits différents et éloignés d'une demy lieue l'un de l'autre.

« Le premier cas, Mgr, est arrivé à un village qu'on appelle Saint-Juéry[7], limite de l'Auvergne et du Gévaudan. Une femme estoit vers les dix heures du matin dans son jardin pour y cueillir des herbes pour mettre au pot, cette beste ly aperçut et fut à elle, la saizit par le col, luy a fait une ouverture aux mameles et luy a mangé la face.

« Le second est arrivé le même jour à onze heures du matin, dans un petit bois qu'on appelle de Monclergue sittué sur la paroisse de Maurines pendant qu'on disoit la grand-messe, une fille passant dans le bois fut attaquée de cette beste et fut égorgée comme la première. Lesdits accidents sont arrivés à une lieue de cette ville, ce qui jette l'épouvante dans tout le pays.

« *Signé* : AZEMAR[8]. »

De là, six jours après, le 12 janvier, la Bête vient attaquer, de l'autre côté de la Margeride, dans la paroisse de Chanaleilles près Saugues, les sept enfants du Vileret d'Apcher.

Ces enfants, cinq garçons et deux filles, par une sage mesure de prudence en usage dans ces jours dangereux, s'étaient réunis ensemble pour garder leurs troupeaux. Chacun d'eux était armé d'une pique ou d'une lame de couteau solidement emmanchée au bout d'un bâton. Soudain, l'horrible Bête est devant eux. Portefaix, Pic et

Couston, les trois plus âgés, — ils avaient à peine douze ans, — lui font face et abritent derrière eux les fillettes, Madeleine Chausse et Jeanne Gueyfier, et les deux enfants. C'est Portefaix qui dirige la défense. La Bête se met à tourner autour, les enfants aussi, les piques en avant. Mais elle, plus agile, d'un bond saute à la gorge de Panafieu, l'un des plus petits qui était derrière. Les trois grands fondent sur elle, et à coup de piques, lui font lâcher sa proie. Elle se retire à deux pas, emportant une partie de la joue de l'enfant, puis revient avec fureur, tourne toujours et se jette sur le petit Veyrier qu'elle renverse. Repoussée encore une fois, elle bondit avec rage et saisit à nouveau Veyrier par le bras et l'emporte.

La troupe se précipite sur elle avec ses piques, mais ne peut lui faire lâcher prise. Le pauvre enfant va périr, lorsque Portefaix et Couston se divisent et obligent le loup à passer à travers un bourbier qui se trouvait à quelques pas. Ce bourbier ralentit sa course et les enfants peuvent le rejoindre. Comme les coups portés par derrière restaient sans effet, Portefaix suggère à ses compagnons de frapper à la tête, dans les yeux et dans la gueule. Ces efforts incessants qui le harcèlent et l'obligent à se défendre empêchent le monstre de mordre sa victime. Dans sa rage, il fausse avec ses dents la pique de Portefaix. Enfin, sur un dernier coup qui le blesse à la tête, l'animal fait un bond en arrière et abandonne l'enfant. Aussitôt Portefaix se met devant Veyrier qu'il protège de son corps et de son arme, et le monstre bientôt poursuivi par tous les autres, finit par prendre la fuite.

Une assez longue relation — nous en avons abrégé le récit — fut faite alors de cet événement[9].

Portefaix reçut, ainsi que ses compagnons, diverses gratifications. Élevé aux frais de l'État, il entra dans le corps du génie et mourut lieutenant du corps d'artillerie pour les colonies à Douai, en 1785.

On a quelque peine à croire que ce soit une seule et même bête qui ait commis ces divers méfaits, dans un si court délai et en des lieux si éloignés l'un de l'autre.

Le loup se repaît, une fois gorgé, il se terre dans son antre et attend que la famine le pousse pour se mettre de nouveau en chasse. Ici, rien de tel. Une victime était dévorée le matin, une seconde égorgée le soir. Bien plus, deux personnes étaient quelquefois jugulées à deux ou trois heures d'intervalle.

Et alors comment expliquer dans plusieurs individus cette même communauté de goût pour la chair humaine, et cette similitude de procédés dans les attaques et la manière de dévorer les victimes ? Ne serait-ce point une portée de louveteaux que leur mère, un jour de pénurie et de trop grande faim, aurait nourris avec de la chair humaine ?

On sait la prédilection qu'ont les animaux pour les aliments qui leur ont été donnés en pâture dans leur jeune âge et pour lesquels ils gardent plus tard une préférence très marquée. Ces fauves durent trouver à la chair humaine une saveur particulière et purent garder pour elle un appétit si irrésistible qu'il leur fit surmonter cette timidité, cette répulsion naturelle qu'a le loup pour le voisinage de l'homme, et les poussa à venir rôder incessamment autour des villages pour guetter et atteindre leur proie.

Certains sauvages du nouveau continent ne trouvent-ils pas succulente la chair humaine qu'ils dévorent avec une évidente satisfaction ? Est-il donc étonnant que ces loups aient trouvé un goût préféré à cette chair dont ils devinrent insatiables ? Et peut-être même ces loups, ainsi copieusement gorgés, durent-ils à cet aliment d'un nouveau genre, ce développement remarquable et ces plus grandes proportions qui caractérisent les bêtes fauves tuées dans ces chasses, ainsi qu'il sera dit en son lieu ?

Ce qui semble encore plus singulier, c'est le nombre d'animaux extraordinaires que l'on voyait en même temps, en des lieux très distants les uns des autres.

M. Vigier, consul de Saint-Flour, dans une lettre du 14 janvier 1765, annonce à l'Intendant d'Auvergne que la Bête féroce, ou du moins son semblable, vient de paraître aux environs de Durfort et de Sourniac en Limousin, où elle a dévoré un enfant qui gardait les brebis.

« Le père de cet enfant, qui est accouru à son secours, a eu une joue entièrement emportée, et deux autres voisins qui étoient également accourus ont reçu des coups de griffe dans le visage ou sur les bras ; ces trois personnes ont passé icy hier dimanche pour aller chés Madame de Sourniac, pour se faire penser, croyant avoir été mordues par un loup enragé[10]. »

D'autre part, M. Pagès de Vixouses rappelait qu'il y a dix-huit ans, on avait vu un animal semblable dans les environs d'Aurillac[11]. Un berger fut attaqué à deux pas de sa porte par cet animal. Il en garde encore la marque le long du visage et à la tête. Cet animal le mordit au sein dont il emporta une partie. Celui du Gévaudan doit être de la même espèce[12].

Que fallait-il croire de ces récits divers ? Quelle était dans ces assertions la part de l'imagination et la part de la vérité ? Ce n'est point à cette distance des faits accomplis que l'on peut avoir la prétention d'élucider la question et de faire complètement la lumière.

Ce qui contribuait à jeter le trouble dans les esprits, c'était la cupidité des paysans qui, parce qu'ils avaient vu allouer certaines indemnités aux enfants et aux grandes personnes attaquées et blessées par la Bête, se donnaient quelquefois le rôle imaginaire de victimes pour attirer sur eux la commisération des pouvoirs publics et solliciter ainsi une aumône rarement refusée.

Le 13 janvier, un certain Géraud, métayer au domaine de Boulan, appartenant à M. d'Estremons, bourgeois de Mauriac, revenait de cette ville, à une heure un peu tardive. Il fut soudain attaqué par la Bête. Mais comme il avait un gros bâton, il sut se défendre, la mit en fuite et en fut quitte pour quelques blessures. Son récit paraissant un peu louche, M. de Tournemire vint faire une enquête et ne tarda pas à découvrir la supercherie du paysan qui, disait-il, « était hyvrogne, et en cette année les vins du Limousin sont fumeux ».

Qu'arriva-t-il ? On emprisonna, pour en avoir imposé, le paysan trompeur, et le 8 février, M. de Saint-Florentin écrivait à M. de Ballainvilliers que l'on avait bien fait de mettre en prison pour quelques jours cet homme : « Cette punition pouvant servir à contenir ceux qui auroient envie de se servir d'un pareil stratagème pour se procurer quelque gratification[13]. »

1. ↑ Mgr. Gab.-Florent de Choiseul-Beaupré, év. de Mende, 1724-1767.
2. ↑ POURCHER, p. 137 et suiv.
3. ↑ *Ibid.* p. 150. ANDRÉ. Bullet. de la Soc. d'Agr. de la Lozère, 1872. p. 100.
4. ↑ Archives du Puy-de-Dôme. C. 1731. Doc. inéd.
5. ↑ L'abbé Trocellier, curé d'Aumont, dans une relation qui a été conservée, fait aussi un portrait peu fidèle de l'animal poursuivi.
6. ↑ Reg. de Grèzes. Greffe de Riom.
7. ↑ « Acte de décès, Delphine Courtiol, femme à Étienne Gervais, de Saint-Juéry, décédée le six janvier 1765, enterrée le lendemain. Les parents ont assisté à sa sépulture.

« D'APCHER, *curé.* »

« Avis. — La susdite Delphine Courtiol a été dévorée dans son jardin, audit lieu de Saint-Juéry, par une bête féroce inconnue qu'on prétend être une hyène et qui, depuis le mois d'août qu'elle est dans le diocèse, y a causé des ravages affreux. » (POURCHER, p. 163).
8. ↑ Archives du Puy-de-Dôme. C. 1731 Doc. inédit.
9. ↑ Archives de Montpellier. POURCHER, p. 165 et suiv.
10. ↑ Invent. des Archives du P.-de-D., p. 80.
11. ↑ Près de cinquante ans auparavant un loup féroce s'était montré dans la paroisse de Lezoux : « 12 sept. 1716. J'ay enterré Gabrielle Challi,

décédée le jour précédent munie du sacrement de Pénitence. Cette femme avait été mordue d'un loup enragé, et elle devint enragée... *Signé*, PARIZET, curé de Saint-Pierre de Lezoux. »

(*Reg. de Lezoux.*)

12. ↑ Archives du P.-de-D. C. 1731.
13. ↑ Archives du P.-de-D. C. 1732.

# CHAPITRE IV

# LA CHASSE DU 7 FÉVRIER 1765 PAR LE GÉVAUDAN, L'AUVERGNE, LE ROUERGUE

Ces exagérations et ces cupides supercheries n'enlevaient rien de leur triste réalité aux douloureux méfaits commis par la Bête.

Celle-ci, en cette période, semblait fréquenter de préférence la région d'Auvergne contiguë au Gévaudan.

Le 20 janvier, le sieur Montbriset, de Brioude, faisait connaître à l'Intendant ce que l'on apprenait d'elle :

« Le sieur Altaroche, correspondant de cette subdélégation à Massiac, m'a donné avis par sa lettre du 18 du présent que la Bête féroce qui se tient dans les bois de la Margeride, avoit paru, ces jours passés, du côté de la Chapelle-Laurens, et qu'elle y avoit dévoré lundy dernier un jeune garçon de l'âge de treize ans, du village de

Lescure, paroisse de la Chapelle-Laurens. Par sa même lettre, il me marque qu'on a fait le lendemain une battue générale dans ce canton, mais qu'on ne l'a pas trouvée. Le sieur Romeuf, correspondant à la vôtre, m'apprend aussy par une lettre du 19 que cette bête a dévoré, le 15 de ce mois, une fille du village de la Bastide, paroisse de Lastiq, et que, malgré les chasses journalières que l'on fait pour la détruire, il n'est pas possible de la joindre[1]. »

Que faisait donc pendant ce temps-là M. Duhamel ? M. Duhamel n'était informé que tardivement des événements arrivés ; aussi, dans une lettre du 25 janvier, il se plaignait amèrement contre M. de Montluc, le subdélégué de Saint-Flour, de ce qu'il ne l'avait point averti du retour de la Bête en Auvergne, ni des ravages qu'elle y avait commis, et qu'il venait d'apprendre ; c'est pourquoi il s'y rendait en toute hâte avec ses dragons.

« Un consul du village de Julliange, en Gévaudan, vint m'avertir que la veille, une femme du village de Chabanole, de la généralité d'Auvergne, qui n'est qu'à une demi-lieue du Gévaudan, avoit été attaquée et dévorée par la Bête féroce... Je m'y portai sur le champ, mais le cadavre étoit déjà enlevé et enterré.

« Je fis battre également tous les bois jusqu'à Saint-Flour, où je vins coucher pour marquer à M. de Montluc la surprise où j'étois de différents événements arrivés dans son département sans en avoir la moindre nouvelle.

« Je ne trouvai pas M. de Montluc[1]. »

Celui-ci, pour se défendre du retard dont on l'incriminait, expliquait que les passages du loup étaient si rapides qu'il lui était impossible d'obtenir et de donner, en temps voulu, des renseignements précis.

Cependant la Cour, que de fréquents messages tenaient au courant de la situation, s'était émue de la continuité de ces malheurs et de l'insuccès des efforts faits jusqu'ici.

Il fallait tenter un grand coup, et par l'appât d'une grosse récompense stimuler les ardeurs et les courages et mettre enfin un terme à tous ces maux.

Le 27 janvier, le Contrôleur général, M. de l'Averdy, invite M. de Ballainvilliers « à faire afficher en Auvergne, ainsi qu'on va le faire en Languedoc, que le Roy accorde une somme de six mille livres à celui qui tuera cette bête, et à ordonner, lorsqu'elle sera tuée qu'elle soit vuidée et arrangée pour en conserver la peau et même le squelette, qui sera envoyée icy pour être déposée au jardin du Roy. »

Il donne aussi des indications utiles pour faire les battues[2]. Les curés devaient lire au prône ces affiches, afin que les habitants fussent instruits de la récompense promise.

De plus, M. de Tournemire, subdélégué à Mauriac, dans son élection, leur recommandait, « dans le cas où cette bête viendroit à se montrer dans leur paroisse, de lui en donner avis sur-le-champ par un exprès qu'il payeroit, pour les mettre à portée d'être prévenus dans l'instant. » Enfin, ils devaient recommander à leurs paroissiens, en cas d'événement, de s'adresser tout de suite à eux[2].

C'était un bien joli denier que la récompense promise ! Les six mille livres du roi, les deux mille des États du Languedoc, les mille livres de l'Évêque de Mende et les deux cents livres des syndics de Gévaudan et de Vivarais, en tout neuf mille quatre cents livres, constituaient presque une fortune, à cette époque, pour l'heureux mortel qui aurait la chance de jeter bas le monstre.

Oh ! l'heureux coup de fusil ! C'était plus qu'au poids de l'or qu'allait être payée la balle fortunée qui frapperait la Bête. Aussi, que de rêves dorés vinrent illuminer les modestes demeures qu'habitaient les robustes chasseurs de ces montagnes ! De quelles chimères l'on se repaissait, et quelles félicités l'on se forgeait sur l'espérance d'un coup bien dirigé !

Les fusils furent mis en état, les balles scrupuleusement et minutieusement travaillées, on lima des lingots de fer, le plomb n'ayant pas assez de consistance pour pénétrer la Bête. Tout ce qui portait une arme voulut tenter la fortune.

Et cette Bête qui ne voulait pas se laisser tuer !

… « La véritable Bête féroce cause toujours les mêmes ravages entre Saint-Flour et Massiac. Elle traversa, le 27 janvier, le village de Saint-Poncy, et les consuls la virent de fort près, dans le territoire de cette paroisse. Le 30 janvier elle a pensé dévorer une fille qui lavoit du linge au ruisseau de Montchamp, et on soupçonne qu'elle a tué une jeune fille qu'on ne retrouve plus à la paroisse de Lorcières, on craint même qu'après en avoir dévoré partie, elle n'ait enterré le reste du corps, comme elle avoit fait le 22 janvier de la femme du nommé Chabannes.

« Le 7 de ce mois, j'ai recommandé une chasse générale, dans les paroisses des deux subdélégations qui environnent les lieux où cette Bête a paru, et j'espère tout du zèle avec lequel s'y portent les gentilshommes et les habitants de ces paroisses[3]. »

Dans un premier placard affiché pour annoncer la récompense promise, M. de Ballainvilliers ordonnait les mesures suivantes :

« ARTICLE PREMIER. — Un nombre suffisant d'habitants des paroisses de notre généralité, qui sont exposées aux incursions de la Bête féroce, seront tenus aux premiers ordres qu'ils recevront de notre part par nos subdélégués, de se transporter armés, de la façon qu'il sera ci-après expliqué, dans les lieux qui seront indiqués pour donner la chasse audit animal.

« ART. II. — Ces habitants seront armés, les uns de baïonnettes et fusils chargés de lingots, les autres de sabres, d'autres de fusils et de sabres ; et enfin, ceux qui n'auront pas la facilité de se procurer ces sortes d'armes seront armés de fourches de fer, de piques et autres armes offensives.

« Art. III. — Ordonnons qu'il sera placé, dans les villages les plus exposés, deux hommes armés en état de défense pour combattre la Bête féroce en cas que par l'effet de la chasse elle vienne à se jeter dans ces villages.

« Art. IV. — Pour parvenir à faire tomber la Bête féroce dans les embuscades qui lui seront tendues, ordonnons qu'il sera commandé par nos subdélégués un certain nombre de chasseurs bien armés à l'effet de battre la campagne et les bois, se porter en avant et chasser la Bête.

« Art. V. — Lorsque les dits habitants se seront transportés au lieu et à l'heure indiqués par notre subdélégué, il sera nécessaire qu'ils se divisent par pelotons composés de plus de cinq personnes et assez distants les uns des autres pour que l'arme à feu ne puisse blesser ceux qui composeraient un autre peloton. Ces pelotons seront placés aux différents endroits par où la Bête pourrait s'échapper.

« Art. VI. — Ces pelotons demeureront à leurs postes sans pouvoir courir sur la dite Bête que dans le cas d'une nécessité absolue.

« Art. VII. — Ne pouvant prévoir où la Bête féroce paraîtra, et par conséquent désigner les paroisses qui peuvent être employées à chasser cette Bête, nous autorisons nos subdélégués à donner les ordres nécessaires suivant les circonstances : enjoignons aux dits habitants de se conformer à ce qui sera prescrit de notre part par nos subdélégués.

« Art. VIII. — Dans le cas où la Bête serait tuée par aucun des habitants, il sera tenu de nous l'apporter aussitôt à Clermont et de nous la présenter sans être en aucune façon mutilée ; si ce n'est des coups qu'elle pourra avoir reçu quand elle aura été attaquée.

« Art. IX. — Faisons défense à aucun des dits habitants sous prétexte de chasser et hors d'icelle de tirer sur aucune espèce de gibier, à peine de cinquante livres d'amende.

« Art. X. — Ordonnons que si on parvient à tuer la dite Bête féroce, il soit sur le champ dressé procès-verbal sommaire de la façon dont elle aura été attaquée et détruite. Lequel procès-verbal sera fait en présence de deux notables, consuls ou autres, s'il s'en trouve, et fera mention du nom et qualité de celui qui aura tué la dite Bête féroce.

« Art. XI. — Dans le cas où il s'élèverait quelque difficulté ou querelle entre ceux qui prétendraient avoir concouru à la destruction de la dite Bête féroce, ordonnons que par provision elle nous sera conduite à Clermont par un des consuls de la paroisse où elle aura été tuée, sauf à ceux entre lesquels la dispute se serait élevée à se retirer devant le subdélégué du lieu qui dressera procès-verbal des dires des parties pour nous être envoyé

« *Signé* : Bernard Ballainvilliers[4]. »

Un second avis, également imprimé, et commençant par la description de la Bête, afin que personne n'en ignorât, réglait par le menu les dispositions de la chasse qui allait se faire :

*« À Saint-Flour, le 1ᵉʳ février 1762. »*

« Vous n'ignorez pas, Messieurs, qu'il rode depuis trois mois un animal étranger qu'on croit être un léopard, de la grandeur d'un veau d'un an, la tête grosse, le museau pointu, le corps allongé et effilé sur le train de derrière, le poitrail fort ample, son poil est d'un brun tirant sur le roux, avec une raye de quatre doigts quasi noire sur le dos, depuis la tête jusqu'à la queue qui est ramue et longue jusqu'à terre, le poil du poitrail gris blanc ; ce monstre ayant fait un ravage considérable, le gouverneur du Languedoc a chargé un détachement des volontaires de Clermont de lui donner la chasse, et en conséquence de commander les paroisses et tout ce qui seroit nécessaire pour parvenir à sa destruction, même de le faire suivre en Auvergne s'il y passoit...

« Comme ce détachement se trouve actuellement arrassé (*sic*) par les travaux immenses qu'ils ont faits pour le détruire, il a déterminé qu'il seroit fait une chasse générale quelque temps qu'il fasse, jeudi, septième du présent, tant en Gévaudan qu'en Auvergne, dans les paroisses nécessaires à cette opération. Cette Bête féroce, errant actuellement depuis une quinzaine de jours, dans les paroisses au-dessus de la Margeride du côté Nord, il paroit nécessaire que les paroisses, depuis les rives de l'Alagnon se mettent en mouvement.

« Elles recevront en conséquence des ordres de leurs subdélégations, et que chaque village batte exactement son territoire, menu par menu, car cette bête se tient aussi bien derrière un buisson, dans une rase, fougère, etc., que dans le bois, et fort difficile à débusquer (il paraît que la finesse de sa vue et de son oui (*sic*) est le principe de sa ruse).

« Vous voyez par là que ce qu'on demande à chaque Paroisse qui recevra des ordres pour marcher n'est pas difficile à remplir puisque ça se réduit uniquement à faire battre à chaque village son terrain. Il n'y a que les paroisses limitrophes de la Margeride toutes dans les subdéléguations de Brioude, Langeac et de Saint-Flour, qui auront de plus tous les bois de la Margeride à battre, ce qui peut se faire en une heure, ou tout au plus en une heure et demie au petit pas, puisqu'il n'y a qu'à les traverser exactement devant soi, en gagnant vers le midi, et s'arrêter à la vue du Gévaudan, observant de conserver la chaîne pour prévenir les accidents qui pourraient arriver en tirant dans le bois...

« ... Il sera fait aussi une chaîne sur le grand chemin depuis le pont de Garraby jusqu'à Lagarde, par les paroisses d'Auvergne, dans le même ordre qu'elles observent à l'attelier lorsqu'elles travaillent au chemin. Il y a à espérer que d'après ces précautions prises, ce monstre sera tué, il peut même être forcé dans cette chasse. Comme il a pénétré deux fois en Auvergne par la même route, il est à présumer qu'il fera sa retraite par le même endroit, qui est très favorable à sa destruction, étant dans un pays que l'œil observe de fort loin.

« Il est ordonné aux habitants des paroisses de se mettre en chasse dès la pointe du jour indiqué pour cela, et MM. les gentilshommes et principaux habitants des dites paroisses sont instamment priés de les faire manœuvrer et de ne laisser prendre de fusil qu'à ceux qui ont une longue expérience de s'en servir, il seroit dangereux, veu la grande quantité de monde répandu dans les campagnes qu'il n'y eut quelqu'un de tué.

« Tout le monde doit sçavoir que les ordonnances du Roi défendent expressément de tirer sur le gros et menu gibier, il n'est permis que de tirer au loup comme animal nuisible, et même sans se déranger de l'objet principal. On a fait la peinture du monstre pour qu'il soit connu et qu'il ne soit point donné de fausse alerte et que l'on puisse faire connaître l'endroit où il aura passé en allumant du feu sur les hauteurs les plus voisines du village où il aura fait route à l'entrée de la nuit…

« P. S. — Je viens d'apprendre, dans le moment que la Bête féroce a quitté la Margeride, et que mercredi 30 janvier, elle a été au lieu de Charmensac, paroisse de Saint-Just, où elle a attaqué une jeune fille de quatorze ans, qui s'est longtemps débattue avec elle, même l'a terrassée plusieurs fois ; mais l'ayant mordue à la cuisse et renversée, cette Bête lui a déchiré le visage et le col, au point qu'on n'espère pas qu'elle en revienne. Le moment d'après, elle a passé au-dessous du village de Saint-Just, et a été vue de plusieurs personnes qui ont heureusement sauvé une femme qui lavoit son linge au ruisseau que cette Bête guêtoit. Ces faits là sont sûrs, ce qui fait que dans l'arrangement de la chasse générale du 7 février, nous croyons devoir changer les dispositions qui portent qu'il sera fait une chaîne tout le long de la grande route de Garraby à la Garde par les paroisses d'Auvergne qui travaillent à cette partie du chemin ; elles seront au contraire employées chacune à battre leur terrain, village par village, et même un village où il y auroit vingt hommes par exemple, fairoit très bien de se diviser en pelotons de cinq hommes armés de fourches, âches, etc., qui prendroient chacun un côté de leur territoire…

« … La chasse du jeudi, 7 février, se fera de grand matin[5]. »

Enfin, si cette chasse générale n'était pas couronnée du succès désiré, M. Duhamel avait tout organisé, pour que les battues et les poursuites pussent recommencer le lundi suivant dans les mêmes conditions.

On fondait sur cette chasse du jeudi de grandes espérances. Soixante-treize paroisses de Gévaudan, trente de l'Auvergne, et quelques-unes du Rouergue, un ensemble d'environ vingt mille hommes, devaient former un cercle qui peu à peu se resserrant allait enfermer comme dans un étau le monstre poursuivi. Chaque paroisse se mettait en mouvement à une heure qui lui avait été indiquée, et tous les efforts convergeaient vers un centre commun où étaient postés les meilleurs tireurs.

La bête serait bien habile si elle parvenait à franchir ce cercle de rabatteurs qu'appuyaient des tireurs aux aguets. Sans doute il y avait les grands bois, les épais taillis de pins, mais les traqueurs faisaient tant de bruit, poussaient des cris si vigoureux qu'ils la feraient bien déloger. Cette fois on était presque sûr d'en venir à bout, d'autant plus qu'on savait où la lever.

Aussi les pauvres mères virent une lueur d'espérance pénétrer dans leur âme ; c'est bien en ce jour qu'allaient finir ces terreurs journalières qui les assiégeaient sans relâche.

Les chasseurs jetaient un coup d'œil bienveillant sur leur arme. Qui sait si de ce canon ne sortirait pas la balle fortunée qui devait gagner la récompense promise, et faire de son possesseur l'heureux héros de la journée ? D'aucuns firent bénir les balles avant de les glisser dans leur fusil : la bénédiction de l'Église ne peut que porter bonheur.

Et là-bas, à Paris, la cour attendait avec anxiété le résultat de cette journée.

Hélas, cette journée devait être pour tous une immense déception !

Les opérations faites en Gévaudan sont ainsi racontées par M. Lafont :

« Nous nous mîmes en chasse, jeudi, le 7^me jour de ce mois, de grand matin. Soixante-treize paroisses du Gévaudan furent en mouvement ; presque toutes avaient chacune à leur tête, outre leur consul, une personne notable dirigeant les opérations que M. Duhamel ou moi leur avions indiquées.

« Cette chasse était encore composée d'environ 30 paroisses d'Auvergne, et de plusieurs du Rouergue…

« Le pays était couvert d'un demi-pied de neige. Le temps quoique froid, était calme et serein. Sur les 10 à 11 heures, la Bête fut lancée par les chasseurs de la paroisse de Prunières. Elle gagna les rives de la Truyère, dont le bord opposé se trouva malheureusement dégarni, quoique suivant les dispositions faites et ordonnées par M. Duhamel, il eut dû être gardé par les habitants de la ville et paroisse du Malzieu. Le vicaire de Prunières et dix de ses paroissiens se jetèrent dans la rivière et la traversèrent à pied, et presque à la nage, nonobstant la rigueur de la saison. Ils suivirent la Bête pendant longtemps à la trace, la perdirent ensuite dans les bois qui ont beaucoup d'étendue. Elle fut rencontrée, à une heure de l'après-midi, par le valet de ville du Malzieu et quatre paysans de cette paroisse. Le fusil du valet de ville fit faux feu, un des paysans la tira à balle forcée. La Bête tomba au coup sur ses deux jambes de devant en poussant un grand cri que les cinq chasseurs entendirent. Elle se releva promptement ; ils la poursuivirent jusqu'à la nuit sans pouvoir l'approcher d'assez près pour la tirer. Ces chasseurs vinrent nous trouver, le lendemain, vendredi, à

Saint-Alban, chez M. le comte de Morangiès où M. Duhamel et moi nous nous étions rendus. Ils nous confirmèrent tout ce que je viens d'avoir l'honneur de vous dire. Ils ajoutèrent qu'en suivant la Bête ils avaient trouvé quelques gouttes de sang, mais le valet de ville crut que ce n'était point de cet animal, d'autant mieux qu'il n'en avait point laissé à l'endroit où ils l'avaient tirée. Il prétendit que ce sang avait été répandu par un paysan de la troupe que son sabot avait blessé au talon.

« M. le comte de Morangiès présumant sur ce rapport que la Bête pourrait se trouver dans le voisinage du lieu où on l'avait tirée, nous proposa de faire faire avant la chasse générale indiquée pour lundi, une chasse particulière d'un certain nombre de paroisses voisines, et de la fixer à dimanche, le temps étant trop court pour qu'elle pût être exécutée le lendemain, samedi.

« En conséquence, M. Duhamel expédia des ordres pour 17 paroisses, qu'il fit porter par un détachement de ses dragons qu'il avait à Saint-Alban. Il en partit le soir pour y revenir le lendemain avec sa troupe qu'il fut prendre à Saint-Chély.

« Le samedi, je fus au lieu de Javols voir un enfant de 8 ans que la Bête avait enlevé devant la porte de sa maison, le premier de ce mois, qu'elle entraîna environ 200 pas, et qu'elle abandonna ensuite, étant poursuivie par un homme et par un chien.

« Dans le temps que j'étais à Javols, la Bête coupa la tête et le col, vers les trois heures de l'après-midi, à une jeune fille d'environ 14 ans, auprès du village de Mialanette, paroisse du Malzieu[6]… Un paysan qui l'aperçut emportant cette tête dans un bois, y accourut… on trouva la tête entièrement rongée…

« M. le comte de Morangiès qui demeure à demi-lieue de Mialanette, accourut avec les gens de sa maison dès qu'il fut informé de l'accident. M. Duhamel s'y rendit dans le même temps, ils firent tendre des pièges ; on laissa le cadavre exposé à l'endroit où on l'avait trouvé, et M. Duhamel embusqua des dragons dans le voisinage et à la portée du fusil. Le lendemain dimanche, nous fîmes la chasse ordonnée sur les dix-sept paroisses, dont les habitants guidés par leurs seigneurs ou leurs consuls vinrent tous aboutir, en chassant, au lieu dont nous étions convenu. Il se trouva au point de réunion plus de deux mille personnes. Le terroir de Mialanette était dans l'enceinte de cette chasse. L'on battit longtemps les bois, le pays était couvert de neige. L'on n'aperçut nulle part aucune trace…

« Le lendemain lundi, l'on fit la chasse générale dans le même ordre que celle du jeudi, quoique le temps fut cruel, qu'il tombât beaucoup de neige, et que le vent fut des plus violents. L'on chassa depuis le matin jusqu'à la nuit, ce fut encore infructueusement. La Bête ne fut vue nulle part…

« Les deux chasses générales et particulières se sont faites dans le plus grand ordre. Il n'est arrivé aucune sorte d'accident quoiqu'il y eût environ vingt mille hommes en mouvement. Les seigneurs du pays les plus qualifiés ont été les premiers à donner l'exemple : M. le comte de Morangiès et M. son frère ; M. le comte d'Apchier et son fils, M. le comte de Saint-Paul et autres étaient à la tête des gens de leurs terres…

« On n'a aperçu que quatre loups à toutes ces chasses et il y en a eu un de tué le lundi[7]. »

Dans la région d'Auvergne la chasse n'avait été ni plus facile ni plus fructueuse :

« M. le comte d'Apchier, M. le prieur de la maison de Pébrac ont fait une autre chasse le même jour, sur les frontières de Gévaudan, et dans les bois qui avoisinent les paroisses de Charaix, Pébrac, Chazelles et Desges qui sont toutes placées sur les limittes de cette province[8]. »

« Il ne nous fut pas possible de pénétrer dans les bois, la quantité de neige et les brouillards qui n'ont cessé que d'aujourd'hui en ont été l'obstacle… nous nous bornâmes à cotoyer les bois et à battre les bruyères voisines, sans apercevoir aucune trace de la Bête féroce qui parut le 5 du présent aux environs du bois du village de Lescure, paroisse de la Chapelle-Laurent, où je m'étois rendu pour faire faire la battue des bois…[9]. »

Enfin, M. de Montluc, dans une lettre du 9 février, résume ainsi le résultat de la journée du 7 :

« La chasse du 7 n'a pas réussi... je n'ay pas ouï dire qu'elle ayt été vue en Auvergne, où il faisoit ce jour-là un brouillard extrêmement épais...

« ... Sa ruse étonne si fort le paysan, que c'est une opinion générale chez eux qu'il y a là-dedans quelque chose de surnaturel, et souvent même il est entretenu dans cette idée par gens lettrés en qui il a confiance[10]. »

Qu'il y eût ou non du surnaturel, une chose était incontestable, c'est que cet animal était bien difficile à tuer.

Tant d'hommes contre une seule bête, et c'est encore la Bête qui l'emportait ! Combien devaient être tristes ces déclins de journées, combien piteux ces retours de la chasse, les cavaliers épuisés, les chevaux harassés, les chasseurs exténués, et les rabatteurs, de la tête aux pieds, trempés jusqu'aux os par la neige, par le givre des taillis et le brouillard pénétrant de ces montagnes, les uns et les autres ayant perdu l'espérance qui, le matin même, leur mettait au coeur cette flamme de vaillance, bien nécessaire pour supporter ces dures fatigues auxquelles la nuit seule mettait un terme !

Et alors pour les pauvres mères, les terreurs ni les angoisses n'étaient donc point finies, et de longues journées allaient donc encore se lever, où il faudrait vivre dans les transes, et s'attendre à chaque instant à apprendre qu'un de leurs enfants venait d'être la proie de la Bête cruelle !

1. ↑ a et b *Ibid.*, C. 1731. Doc. inéd.

2. ↑ ᵃ et ᵇ *Ibid.*, C. 1731. Doc. inéd.
3. ↑ *Ibid.* 1731. Doc. inéd.
4. ↑ Archiv. du Puy-de-Dôme. C. 1731.
5. ↑ Archiv. du P.-de-D. C . 1732.
6. ↑ « Ce jourd'huy, 11 février 1765, a esté enterrée Marie-Jeanne Rousset de Mialannes en cette paroisse, âgée d'environ douze ans qui avoit esté en partie dévorée le neuf du présent mois, par une Bête entrefophage (*sic*) qui ravage ce pays depuis près de trois mois.
 André Portal et Benoît Martin présens audit enterrement.
 *Signé :* CONSTAND, curé.
 (Registres du Malzieu. Greffe de Riom, cour d'appel.)
7. ↑ Archiv. de l'Hérault. POURCHER, p. 209, et suiv.
8. ↑ Lettre de M. Marie à Langeac. Archiv. du P.-de-D. C. 1732.
9. ↑ Lettre de M. Gueyffier, à Brioude. *Ibid.*
10. ↑ *Ibid.*

# CHAPITRE V

# M. DUHAMEL EST REMPLACÉ PAR MM. DENNEVAL

La Cour avait connu avec peine l'insuccès de ces dernières journées, et M. de l'Averdy, exprimait à M. de Saint-Priest, l'intendant de Languedoc, combien il avait été douloureusement affecté d'apprendre le résultat infructueux des chasses des 7 et 11 février.

D'où pouvait provenir un si pénible échec, et à qui devait-on en faire remonter la responsabilité ?

Depuis longtemps déjà des plaintes diverses avaient été formulées contre les dragons. Ils commettaient, dans les lieux où ils passaient, quelques excès, et se montraient parfois exigeants chez les paysans lorsqu'ils descendaient chez eux. Les récoltes et surtout les blés se trouvaient fort mal de leur présence, et, en somme, leur passage ne se faisait guère sans dommages incessamment renouvelés.

Un sieur de la Barthe, parce que l'un de ses fermiers avait été maltraité par eux, exprima ses plaintes à l'Intendant :

« Les dragons traitent le Gévaudan en pays de conquête, exigent tout sans payer. Les chevaux qui sont aussi nécessaires qu'une troisième roue à un chariot, détruisent les récoltes, et je crois qu'il ne manque plus que brûler pour avoir une vraie image de la guerre. Les plaintes se multiplient, et le paysan est au désespoir[1]. »

On les accusait en outre, dans l'espoir d'obtenir seuls la récompense promise, d'éloigner les chasseurs et tous ceux qui pourraient avoir quelque chance de tuer la Bête.

M. Lafont, sur la demande de l'Intendant, fit une enquête afin de vérifier la réalité de ces allégations. Sans doute les dragons avaient d'abord fait quelques dommages aux blés en courant à travers champs, mais sur la représentation qui en fut faite à M. Duhamel, celui-ci y avait pourvu.

« M. Duhamel, disait-il dans son rapport, est d'un zèle infatigable, ayant extrêmement à cœur de réussir dans son entreprise, et d'avoir des attestations avantageuses sur sa conduite... Il est d'un caractère vif ; peut-être même employa-t-il, en égard aux circonstances, un peu trop de sévérité dans l'affaire du fermier de M. de La Barthe, mais c'est une suite de la ponctuation qu'il met et qu'il exige dans le service...

« … Il est certain que pendant que j'étais à Montpellier, des dragons ont éloigné dans quelques occasions des chasseurs qui étaient à la poursuite de la Bête, d'où l'on a conclu que c'était par les ordres secrets de M. Duhamel. Je lui en ai parlé, non seulement il s'est très-fort défendu, mais il m'a encore très étroitement prié d'écrire dans les communautés, pour dissiper le préjugé où le public pouvait être à cet égard et annoncer que la chasse était ouverte à tout le monde…

« M. Duhamel s'est plaint à moi, à son tour, que bien des personnes du pays, qui, de leur côté, désireraient tuer la Bête, le voyent avec peine, ainsi que sa troupe, et qu'il lui avait été assuré que certaines gens avaient excité des paysans à porter plainte contre ses dragons pour qu'on les retirât.

« Il est vrai qu'il s'est formé bien des petits partis pour la destruction de cet animal, sur lequel l'on fait des projets de fortune les plus vastes. Je ne suis pas sans m'apercevoir de bien de petites rivalités[2]. »

Le rôle de M. Duhamel est ainsi caractérisé par l'abbé Trocellier, curé d'Aumont : « Il se donna beaucoup de peine, et ne fit rien. »

L'étude impartiale des documents montre, en effet, qu'il n'épargna ni sa peine, ni ses efforts. Si le succès ne couronna point son entreprise, il serait injuste de lui en faire un reproche : on sait ce qu'il eut de luttes à affronter contre les difficultés des lieux, le naturel indocile des indigènes, et la rigueur de la saison.

Il avait compris que devant l'insuccès persévérant de ses efforts et la lassitude des populations, son rôle allait finir et la direction des opérations lui échapper prochainement : aussi, peut-être voulut-il, après la journée du 7, bénéficier une dernière fois de sa situation, et faire une tentative suprême dans celle du 11 février, afin de remporter le triomphe désiré.

Il y avait, là-bas en Normandie, un gentilhomme, M. Denneval, à qui ses exploits contre les loups avaient fait une certaine célébrité. Il en avait tué dans sa province, il en avait exterminé dans les provinces voisines ; bref, il ne comptait plus ses victimes, dont le nombre, dit-on, s'élevait à douze cents. C'était le plus célèbre louvetier de France.

La Cour jeta les yeux sur lui, et le pria de venir délivrer le Gévaudan.

Déjà même, avant la grande chasse du 7, l'Intendant de Languedoc avait reçu avis de M. de l'Averdy que « M. Denneval, gentilhomme de la province de Normandie, voulait bien se rendre avec M. son fils, capitaine au régiment des recrues d'Alençon, dans le diocèse de Mende, pour y donner la chasse à la Bête féroce qui y cause tant de ravages. Le talent qu'il a pour cette espèce de chasse, ayant détruit des loups toute sa vie, fait espérer qu'il parviendra à nous délivrer, s'il est bien secondé[3]. »

Le 20 février, M. de Montluc fait savoir à l'Intendant d'Auvergne que « M. d'Enneval doit s'être arrêté à Massiac, où il est beaucoup parlé de la Bête qui roule de ce costé-là. Effectivement, elle attaqua samedi dernier un berger entre Massiac et Bonnac[4] ».

Le 21, M. Denneval annonce que « la Bête a été signalée à Massiac et qu'il y reste jusqu'à ce qu'il sache des nouvelles d'ailleurs… elle ne marque que quatre doigts à la patte, comme un loup, et les ongles sont pouelüs, elle joue avec sa qüie comme un chat lorsqu'il va se jeter sur quelque chose[5].

« Nous sommes arrivés icy, le mardi gras. En passant par Massiac, j'appris que cette Bête devait être dans ces cantons. J'envoyai ici mon fils, et le même jour je fus à la Chapelle-Laurent, dans les montagnes, à pied, les chevaux n'y pouvant aller à cause des neiges tombées ci-devant. Il y avait eu un petit garçon mangé pas tout à fait. Le lendemain, à la messe, deux paysans qui l'avaient vue la dépeignirent à peu près comme une estampe que nous a donné l'Intendant de Clermont ; elle ne ressemble en rien à celle que vous avez vue, elle est haute comme un veau d'un an, fort allongée de corps et de tête, les oreilles courtes, elle est rousse de partout, excepté une raie brune sur le dos, la queue fort longue, et dont elle joue comme un chat qui cherche à se jeter sur sa proie.

« Elle ne reste point en place, et travaille continuellement dans dix lieues environ de tour. Elle est d'une légèreté surprenante, j'ai été voir une de ses anciennes passées, *il y avait vingt-huit pieds, d'un saut à l'autre, en plat pays.*

« Cependant elle ne va pas toujours de même ; j'ai été visiter aussi de vieux bâtiments d'une métairie abandonnée. Il aurait fallu de la lumière ; surtout la neige éblouissait. L'on m'avait dit qu'elle y logeait mais je n'y trouvai que d'anciennes couchades…

« Il y a encore ici deux blessés à l'hôpiral[6]. Une femme d'un certain âge qui a le haut de la tête, la joue, et une oreille emportée : on croit qu'elle n'en reviendra pas. L'autre, une jeune fille, a le bras mangé. Elle tue tout à fait, en coupant le col net et prenant toujours par derrière ou de côté, quand on n'est point secouru.

« Dimanche dernier, une fille allant à la messe, elle lui sauta sur le corps, l'abattit et l'aurait dévorée, si elle n'avait pas été aussitôt secourue par un homme et des mâtins. Enfin, tous les jours quelques nouvelles découvertes. *Mais comme il y a beaucoup de loups, peut-être leur donne-t-on le nom de Bête.* Nous allons nous fixer à Saint-Chély et à la Garde, où l'on a remarqué qu'elle passe souvent pour traverser d'Auvergne dans le Gévaudan.

« Cette bête n'est nullement facile à avoir. Enfin, je ne perdrai courage qu'à la dernière extrémité. Nos chiens ne sont pas encore venus et ne sont pas prêts d'arriver. Nous avons été bien reçus partout. Nous dînons aujourd'hui chez l'Évêque.

« *Signé :* DENNEVAL[7]. »

Maintenant que nos chasseurs étaient en face les uns des autres, qu'allait-il arriver ? Chasseraient-ils chacun de leur côté, ou bien réuniraient-ils leurs efforts pour tomber d'un commun accord sur leur ennemi ?

Il était convenu qu'ils s'aideraient mutuellement, mais bientôt la rivalité éclata, sourde d'abord, puis évidente et nullement dissimulée.

Les dragons faisaient toujours des battues, et cela déplaisait à M. Denneval qui craignait qu'on ne tuât la Bête sans lui, et par suite, qu'on ne lui enlevât la gloire et la récompense qu'il s'était promises.

Aussi le 4 mars, il écrivait à l'Intendant :

« *À Saint-Chély.*

« Nous attendons nos chiens avec la plus grande impatience, mais il ne nous sera pas possible de chasser si M. Duhamel et les dragons y restent, attendu qu'ils font journellement des battues, et que cela effarouche cet animal, au point de ne le pouvoir approcher. Ils le sçavent par expérience, depuis trois ou quatre mois qu'ils y sont sans l'avoir pu atteindre, aussi je vous prie de vouloir bien donner des ordres ou faire en sorte qu'il rejoigne son cartier, sans quoy nous serions obligés de nous en retourner dans notre pays.

« *Signé :* DENNEVAL[8]. »

On le voit, le conflit était aigu et l'accord entre les chasseurs impossible. Il y avait donc encore de beaux jours pour la Bête, aussi celle-ci ne chômait pas.

Le 21 février, elle avait attaqué, sur la route, Bonavel, aubergiste de Chanac ; le 24, au Fau, paroisse de Brion, une fille de sept à huit ans qui mourut de ses blessures.

Le dernier février, deux femmes, des Escures, paroisse de Fournels, furent assaillies par elle, et le même jour, à Grandvals, une jeune fille enlevée, qui secourue à temps, n'eut presque aucun mal.

1. ↑ POURCHER, p. 182.
2. ↑ Arch. de l'Hérault, C. 14. POURCHER, p. 192 et suiv.
3. ↑ *Ibid.*, p. 237.
4. ↑ Arch. du P.-de-D., C. 1732.
5. ↑ *Ibid.*
6. ↑ « L'animal anthropophage qui porte le trouble et la consternation dans le Gévaudan et dans l'Auvergne, donne de l'exercice aux chirurgiens de notre hôpital... Ils ont actuellement entre les mains, deux jeunes filles que ce cruel animal a très-grièvement blessées.
« L'une, nommée Catherine Boyer, âgée de vingt ans, fut attaquée le 15 janvier au village de la Bastide, parroisse de Lastic, à deux heures d'ici... elle lui emporta d'abord avec ses griffes toute la partie chevelue de la tête, lui rongea ensuite une partie de l'os coronal et lui découvrit si fort l'os pariétal gauche, que le péricrâne manque avec tout le haut de l'oreille...
« L'autre fille qu'on y a conduite aujourd'hui, est de la paroisse de St-Just, et n'est pas aussi blessée que la première. C'est une jeune personne de quatorze ans, hardie comme un dragon, et qui eut le courage de lutter contre la Bête dès qu'elle lui sauta dessus. L'animal lui porta un coup de griffe à l'oreille gauche et la lui détacha des muscles, la plaie continua jusqu'au bas du menton. Il lui en fit une autre au côté droit du nez, et lui en emporta la pointe jusqu'aux os carrés, avec la moitié de la lèvre supérieure. La fille prit la Bête par la patte, et, si elle avait eu un prompt secours, on croit qu'on l'aurait prise. » (POURCHER, p. 299 et suiv. Biblioth. nat. Lettre écrite de St-Flour).

7. ↑ Biblioth. nat. POURCHER, p. 247 et suiv.
8. ↑ Archiv. du P.-de-D. C. 1732., doc. inédit.

# CHAPITRE VII

# CHASSES DE MM. DENNEVAL

**P**ENDANT ce temps-là, qu'était devenue la Bête ?

La Bête affirmait plus que jamais sa présence et ses instincts sanguinaires par de nouvelles attaques et de nouvelles victimes dévorées. Son appétit devenait plus violent, sa fureur plus insolente, et jamais jusqu'ici ses méfaits ne s'étaient si fréquemment renouvelés.

Le 9 mars 1765, M. Denneval écrit : « La Beste fait toujours parler d'elle, et encore hier, ayant coupé la teste à une fille, mangé le sein, une épaule et un bras, on fut après elle, mais elle estoit trop près des grands bois, cela s'est passé auprès d'Albaret. Vous savez sans doute que depuis le premier jour du mois elle avoit attaqué plusieurs femmes, filles ou enfants, une femme à qui elle a enfoncé les griffes à la gorge, le même jour, un petit garçon dévoré du côté d'Ardes et la Voulte... M. de Lauriac nous a envoyé trois gentilshommes bons tireurs, qui se nomment MM. de la Fayette[1]. »

Le lendemain, 10 mars, l'abbé du Rochain, comte de Brioude, annonce que « la Bête est dans les environs du Ligonès, elle attaqua hier une fille de vingt-cinq ans, à un demi-quart de lieue du Ligonès, qu'elle mit à mort. On l'a vue ce matin dans les environs à deux lieues de Saint-Flour. Cette fille fut surprise par cette Bête qui étoit en embuscade, elle lui sépara la tête du corps qu'elle a emportée.

« Nous avons dans ce pays un grand louvetier, ses chiens sont partis ce matin pour aller rejoindre le maître à Saint-Chély. M. du Ligonès qui est ici avec sa femme partira lundy pour aller chez luy, pour y recevoir les chasseurs. M. Denneval doit incessamment chasser dans ces cantons[2]. »

Il serait trop long de raconter ici les attaques diverses que fit cet animal féroce à Chabriès, près Arzenc, à Malaviallette, et au mas de la Bessière, paroisse de Saint-Alban, où la femme Jouve lutta longtemps, se battit corps à corps contre lui, et réussit enfin à lui arracher un de ses enfants qu'il emportait et dont il avait déjà mutilé le visage (13 mars).

Le 20, un enfant périt à Aumont, le 29, un autre à Javols, le 4 avril, Annez Dauphine à la Roche-Redonde, paroisse de Saint-Alban, et enfin le 7 avril, jour de Pâques, une fille est dévorée à la Clause, près Saugues[3].

Les relations rapportent qu'elle avait fait sa première communion ce jour-là. On ne faisait pas, à cette époque, sa première communion à dix-sept ans, et l'eût-elle faite, on ne l'aurait sûrement pas envoyée garder les bestiaux en ce jour. Une complainte parut sur elle :

> *À l'abri d'une terre close,*
> *Sur le penchant d'un coteau,*
> *Une petite fille de la Clause,*
> *Gardait ses vaches et ses veaux.*

Il y a quatorze couplets de cette valeur.

Quelques gentilshommes étaient de nouveau venus du Dauphiné, du Vivarais ou d'ailleurs, mais bientôt mécontents, soit des hauteurs de Denneval qui voyait en eux des compétiteurs, soit des difficultés insurmontables des lieux, ils étaient repartis.

Denneval comptait bien ne pas procéder comme son prédécesseur. Il avait avec lui six bons limiers dressés à courir le loup. Les paroisses avaient reçu l'ordre, aussitôt que la bête serait aperçue, de venir immédiatement lui en donner avis, ou, si une victime était attaquée et mise à mort, de ne pas toucher au corps avant son arrivée.

Une fois averti, il venait en hâte faire prendre contact à ses chiens qui devaient mener vigoureusement le loup et le faire tomber sous les coups des tireurs. Mais les limiers, soit défaut de dressage ou de flair, soit que cette Bête leur répugnât eurent de la peine à reconnaître la piste comme on l'eût désiré, et ne rendirent pas d'abord les services attendus.

Il avait établi son cantonnement du côté de Saint-Alban, et du Malzieu. Le 21 avril, il voulut essayer d'une battue faite par plusieurs paroisses pour ramener la Bête du côté de Prunières et des bois de M. de Morangiès, où il y avait des gorges qui pouvaient être fructueusement occupées par des tireurs. Mais toutes ces tentatives furent inutiles, il put approcher la Bête, la mener jusqu'à la nuit : la Bête lui échappa.

« M. d'Enneval vient de m'instruire des nouveaux ravages qu'a faits la Bête féroce. Au commencement de ce mois elle a dévoré une fille de treize ans près de Saint-Alban. M. d'Enneval y alla et un de ses piqueurs la trouva dans le bois de Morangiès ; on n'eut pas le temps de l'envelopper, elle quitta le bois et les chiens la suivirent. On trouva en la poursuivant des ossements humains et beaucoup de sang, on ne sait qui elle a dévoré... Le même jour elle dévora le soir un enfant de dix ans dans la paroisse de Saint-Denis, et depuis elle a attaqué près de Saint-Chély un homme robuste qui s'est longtemps défendu contre elle, après beaucoup de ruses, elle l'a terrassé et dévoré[4]... »

« Depuis la semaine sainte pendant laquelle la maudite Beste tua et dévora trois filles et un garçon, et notre dernière chasse, il n'est arrivé aucun accident[5]... »

« *Du Malzieu, 31 avril.*

« ... Le dix-huit elle tua un garçon à Pauillac[6] à deux ou trois lieues d'icy, elle le saigna comme auroit fait un boucher, lui arracha un oeüil, lui mangea les joües, les cuisses et lui disloqua les deux genoux. Le 21, je fis faire une batüe de douze paroisses, où elle fut trouvée sous un rocher, par un jeune homme âgé d'environ dix-huit ans, de la paroisse d'Osmon (Aumont), il étoit armé d'un vieux sabre, elle ne voulut pas décamper, lui gronda et grinça des dents, étant saisy de peur, et s'écriant au secours, son curé qui étoit le plus proche armé d'un pistolet, y accourut, mais elle avoit pris la fuite.

« Elle vient attaquer à Caufour (Couffours) une fille de onze ans et un garçon de seize ; ils se défendent et sont blessés, mais sont secourus par un de leurs parents armé d'une hache. En les quittant, ce loup vint rejoindre un autre animal plus petit que lui, qui le caressa et lui lécha la gueule.

« Le 28 une nouvelle battue fut faite et une louve tuée pesant quarante et quelques livres, elle fut portée à Mende, et le subdélégué la fit ouvrir en public par un chirurgien, on lui trouva dans le corps quelques chiffons d'étoffe linge, du poil et des os qu'on jugea être de lièvre… On soupçonne beaucoup que ces paysans en vue d'une récompense lui avoient enfoncé ces drogues avec une baguette. »

Le paysan n'a de grossier que l'habit, il était fort capable, pour avoir part à la gratification promise, de glisser dans cet animal les chiffons retrouvés :

> *… Quid non mortalia pectora cogis*
> *Auri sacra fames ?…*

Toutefois l'opinion des médecins qui firent l'autopsie, ne confirma point l'hypothèse intéressée de Denneval.

« Quoique les loups soient très avides, et qu'on trouve quelquefois dans leurs entrailles bien des choses qui semblent n'avoir aucun, rapport avec leurs aliments, on serait bien en peine s'ils n'ont dévoré quelque cadavre humain et partie de ces habits, de pouvoir comprendre où celui qui a fait le sujet de notre vérification pourrait avoir rencontré les matières dont on a trouvé les débris mal digérés dans ses entrailles.

« *Signé* : Bonnel DE LA BRAGERESSE, BLANC. »

ESTAMPE ALLEMANDE EN COULEUR
Bibl. Nat. — Cabinet des Estampes. — Coll. Hennin.
Cliché de la Revue *AEsculape*.

Cette louve, tuée à la Panouse, dans le mandement de Saugues, le 23 avril, était encore jeune et n'avait jamais porté, d'après l'examen qui en fut fait. Si donc elle s'attaquait aux humains, nonobstant sa petite taille et son âge, combien d'autres loups plus gros pouvaient avoir la même hardiesse, et par suite, combien il est peu étonnant qu'il y ait eu tant de personnes attaquées en un si court espace de temps et en des lieux si différents !

Aussi devant cette perspective, une lettre circulaire du 25 avril fut adressée aux consuls des communautés pour ordonner soigneusement la destruction des loups et louveteaux, et offrir une prime double de celle qui avait été promise les années précédentes.

À la méthode déjà signalée, M. Denneval joignit un nouvel expédient. Il avait ordonné, on l'a déjà vu, de laisser sur place les victimes jugulées. Une fois prévenu, il faisait répandre du poison sur les restes délaissés, espérant que la Bête viendrait se repaître à nouveau et avalerait ainsi son propre trépas. L'expérience en fut faite sur le corps de la fille de Venteuges. Mais, ou la Bête ne revint pas, ou le poison absorbé par elle fut sans effet.

M. Denneval commençait à se laisser gagner par le découragement.

Il ne faisait pas mieux que son prédécesseur. Ses procédés n'avaient pas plus de succès, et d'autre part jamais la Bête n'avait fait tant de victimes.

Des signes de mécontentement se manifestaient parmi la noblesse de ces pays, la France elle-même était étonnée de l'adresse merveilleuse de cette Bête qui en remontrait à un si célèbre louvetier.

Bien plus, les Anglais s'occupaient aussi du Gévaudan et de sa Bête dont le sinistre renom avait franchi les mers.

On lit dans le *Courrier* du 26 avril 1765 :

« Les journalistes Anglais s'égaient à nos dépens, mais à l'Anglaise, au sujet de la Bête du Gévaudan. On lit dans une de leurs feuilles du 29 mars, qu'une armée française de cent vingt mille hommes a été défaite par cet animal qui après avoir dévoré vingt-cinq mille hommes et avalé tout le train de l'artillerie, s'est trouvé le lendemain vaincu par une chatte dont il avait dévoré les chatons.

« On ne voit point sur quoi peut tomber ce sarcasme, mais ce qu'on voit bien clairement… c'est que l'art de railler avec sel et de badiner avec grâce n'est pas, du moins communément, l'art des écrivains anglais. L'air pesant du climat et l'humeur sombre de la nation s'y opposent[Z]. »

On aurait mauvaise grâce à ne pas en convenir, cette infériorité de l'homme sur la Bête prêtait bien un peu à la raillerie.

Toutefois, comment pouvait-il se faire que ce monstre pût se dérober à tant de battues, échapper à tant de chasseurs, et faire impunément tant de victimes ?

Et d'abord, les difficultés des lieux faisaient merveilleusement le jeu de la Bête.

On ne peut se figurer, sans les avoir vues, ces gorges profondes, ces ravines sauvages de Meyronne et la Révolte, de la Desge, au-dessous de la Besseyre, de la Truyère sur l'autre versant des Margerides qui sont elles-mêmes creusées de plis profonds, souvent hérissées d'épais taillis, inaccessibles à l'homme et praticables aux fauves seuls. La Bête avait tôt fait de sauter d'un versant à l'autre, de se couler sans être vue à la faveur des taillis et de mettre en défaut, tout en passant près de lui, la vigilance du tireur au poste. Et là-haut sur les arides sommets des monts que ne ponctuent ni arbres ni arbustes, il lui était facile d'apercevoir le chasseur aux aguets, et de se sauver hors de portée.

Si quelquefois, l'éveil donné, elle ne pouvait se sauver à temps sans essuyer quelques coups de fusil, l'imperfection des armes de cette époque, le saisissement et le manque d'assurance ou la trop grande distance du tireur rendaient la plupart des coups inutiles, quand le feu lui-même ne ratait pas.

Les battues, par elles-mêmes, n'étaient pas si dangereuses qu'on pourrait le croire. Il y avait une telle cohue, une telle confusion, et entre les tireurs et les rabatteurs de si larges vides amenés forcément par les grands bois, les forêts impénétrables, alors plus nombreux qu'aujourd'hui, qu'il n'est point étonnant que la Bête ait pu aisément se dérober.

D'ailleurs, ceux qui jusqu'ici avaient dirigé les chasses tenaient à s'assurer la récompense promise, et à tuer eux-mêmes la Bête, de sorte qu'ils se réservaient les meilleurs postes, et ne laissaient pas facilement aux autres l'occasion de remporter le prix. C'est ainsi que la prime extraordinaire qui devait assurer la mort du monstre, était peut-être pour lui une cause de salut.

Enfin on ne peut être surpris de voir la Bête dévorer impunément tant de victimes, puisque l'on sait qu'elle ne s'attaqua d'abord qu'aux enfants ou aux femmes, rarement aux hommes, et seulement lorsqu'ils n'avaient point en mains d'armes dangereuses. Sans doute l'éveil était bientôt donné, et l'on venait aussitôt au secours des victimes. Mais avant que les fusils aient été décrochés, la Bête avait gagné le large, et l'on ne retrouvait plus que les débris de la personne dévorée.

1. ↑ *Ibid.*, C. 1732. Lettre à M. de Ballainvilliers.
2. ↑ Lettre de Brioude. Archiv. du P.-de-D. C. 1732.
3. ↑ Le septième avril, même année que dessus (1765), a été dévorée par la bette féroce Gabrielle Pelicier, de la Clauze, sur cette parroisse, âgée d'environ dix-sept ans, et les débris ont été enterrez le lendemain au cimetière de cette parroisse tombeau de ses prédécesseurs, présents Jean Cubizole du susdit village et Benoit Bret, clerc qui ont déclaré ne sçavoir signer, de ce enquis et requis. DE ROCHEMURE, curé. »
Regist. de Grèzes. Greffe de Riom (Cour d'Appel).
4. ↑ Lettre à M. de St-Florentin, du 13 avril 1765. Arch. du P.-de-D. C. 1731.
5. ↑ *Ibid.* Lettre du 17 avril.
6. ↑ « Martial Charrade du Besset, âgé d'environ treize ans, fut dévoré avant-hier par la Bête féroce qui mange le monde dans les tènements de Vachellerie, paroisse de Paulhac où il s'était loué pour vacher, et aujourd'hui vingt avril mil sept cens soixante cinq les restes de son corps ont été portés et inhumés dans le cimetière de cette paroisse, présens J. Charrade, son père et d'Ant. Charrade son frère...

*Signé* : FOURNIER, curé. »

(Reg. de la Besseyre. Greffe de Riom, cour d'appel.)
7. ↑ Les Allemands aussi s'intéressaient à cette lutte d'une Bête qui tenait en échec toute une province, et des gravures circulaient, dont la légende, en langue allemande, dénotait l'origine.

# CHAPITRE VIII

# INCURSIONS DE LA BÊTE EN AUVERGNE

« À M. Jaout, à Clermont, 8 mai.

ONSIEUR, je prand la liberté de vous informer du ravage que cette maudite bette fait dans la paroisse de Nozeirolles et d'Auvers, et aux environs. Le 29 du mois d'avril elle emporta une de mes nièces âgée environ de onze à douze années de devant leur porte entre les deux fraire et un autre petit du village de Lair, subdélégation de Langeac. Deux hommes en menant les bœufs la rencontrairent qu'elle la menoit par le cou, on la lui ota mais à peine elle respiroit, son cou étoit tout percé, dans un cardeure elle mourut, chagrin, Monsieur, bien triste pour une famille. Dans Chanteloube, paroisse de Nozeirolles d'Auvers, emporta aussi une autre fille âgée d'environ quatorze ennées, en gardant deux vaches, cela arriva le 4 may que j'ai su aujourd'hui ; à Nozeirolles même paroisse, mangea aussi une autre fille quelque temps avant âgée environ de dix-sept ennées, en mangea aussi presque tout de suite une autre au Besset, âgée environ de treize ennées, sans y comprendre autres deux ou trois à des distances de moy environ une lieue, de sorte, M., que nous voilà dans bien des paines, Dieu le veut, nous le méritons, mauvais païs, mauvais jans, et mauvais vivre aussi, avec dargean il faut l'on prie pour avoir quelque peut de blé… DU VERNY DE LA VÉDRINES[1]. »

La Bête, si terrible pour cette malheureuse paroisse, ne comptait pas s'en tenir là :

« 15 may. — J'ai l'honneur de vous informer, que le samedy onze du présent, entre les deux ou trois heures du soir, quatre petits garçons du village d'Auvers, paroisse de Nozeirolles, gardaient les vaches dans les bois de la Tenezeire, proche de leur village, dont le plus vieux de l'âge de quatorze ans, et les autres trois de l'âge de dix à douze ans, ont esté attaqués par la bette féroce. Le plus grand garçon qui avoit un bâton assez long au bout duquel estoit une bayonnette fut fort courageux pour se défendre, et ses petits camarades, l'un desquels fut poursuivi par la Bette qui commençoit par le prendre par les habits. Mais le plus grand porta sur la Bette plusieurs coups de bayonnette qui la firent reculer, et un autre des petits encouragé par la hardiesse du plus grand, ayant un batton à la main luy en porta un coup sur le muzeau qui la fit fortement tousser et après la Bette se sauva dans les bois…

« Ce rapport m'a été fait ce jourd'huy par le plus grand accompagné de son père. À Langeac, 15 May[2]. »

Les familles éprouvées étaient, on le conçoit, dans une profonde désolation. Partout, d'ailleurs, la terreur était à son comble.

Cette maudite Bête ne se bornait plus à assaillir dans les pâturages les gardeurs isolés et sans défense. Son appétit et son audace s'étaient singulièrement accrus, et elle venait maintenant jusque sur le seuil des maisons, jusque dans les cours fermées, emporter les jeunes enfants sous l'œil des parents, parfois même au milieu de groupes stupéfaits de cette insolence.

Aussi le syndic de Gévaudan recommandait-il dans tous les villages la compascuité, et les gardeurs en nombre ne partaient plus sans s'être prémunis de piques effilées et acérées qu'avait fait distribuer l'Intendant d'Auvergne. Les chiens qui avaient à lutter contre la Bête, furent pourvus d'énormes colliers en fer forgé, avec des pointes aiguës qui défiaient les dents les plus pénétrantes.

Les hommes eux-mêmes, la nuit venue, n'osaient pas sortir de leurs demeures : cet animal farouche était si redoutable dans l'obscurité ! On ne voulait plus s'aventurer isolément pour se rendre aux foires voisines, et ce n'est que par groupes compacts et armés qu'on allait aux marchés. Le commerce souffrait de ces craintes justifiées qui retenaient chez eux les paysans, et empêchaient l'approvisionnement ordinaire des bourgs.

Enfin, cette Bête, on ne savait pas au juste ce qu'elle était ; il y avait probablement en elle quelque chose de surnaturel : elle s'était montrée sous des formes si diverses ! Ne l'avait-on pas aperçue marchant toute dressée sur ses pieds de derrière ?

Ne l'avait-on pas vue écoutant aux portes des fermes isolées ? Ne se jetait-elle pas à la rivière comme un homme qui veut se baigner ? D'aucuns même l'avaient entendue parler !!!

De sorte qu'à travers tous ces récits divers et ces exagérations superstitieuses, le peuple se formait la conception vague d'un monstre terrible, insaisissable et invulnérable, dont les instincts sanguinaires mettaient en défaut et déjouaient sans cesse les efforts et les ruses de l'homme.

Que faisait donc M. Denneval, ou plutôt qu'avait-il fait depuis plus de deux mois qu'il était arrivé dans ce pays ?

Sa conduite était diversement appréciée. M. de Morangiès, dans une lettre du 3 mai, s'exprime ainsi à son sujet : « Je suis trop voué à l'humanité et au patriotisme pour n'être pas sensiblement affecté de la durée de ce cruel fléau, et la chose me paroit trop intéressante pour que je ne me croie pas obligé de dire la vérité sur la conduite de MM. Denneval... Il me suffira de vous assurer que toutes les paroisses du côté de Saugues ainsi que celles de ce canton-ci (Saint-Alban) sont indignées des mauvaises manœuvres de ces chasseurs... Il est rebutant pour un peuple qui ne trouve à vivre que dans un travail journalier d'être employé des jours entiers à des chasses fort éloignées, pénibles et toujours infructueuses par l'absurdité des projets et des mesures de ces Messieurs, qui ont encore l'indécence de ne point payer de leurs personnes, de se refuser à l'exemple qu'ils doivent donner, et de penser plutôt à un gain sordide que tout condamne, qu'à la réussite de leur mission. Le sort de notre malheureux pays se décide au Malzieu, par ces aventuriers au milieu des pots et des verres, et de concert avec tous les crapuleux de cette folle cité.[3] »

Ces récriminations, quoique inséparables d'une certaine exagération, avaient un fonds de vérité.

Aussi Denneval sentant que la sympathie des populations commençait à lui échapper, pour la regagner, allait donner au monstre une chasse active et sans intermittence.

Le 1$^{er}$ mai, du côté de Saint-Alban, MM. Marlet de la Chaumette, virent la Bête dans un pâturage, la poursuivirent, la tirèrent et la blessèrent, de telle sorte que dans sa fuite elle perdait beaucoup de sang. Denneval vint avec ses chiens continuer les poursuites, mais sans aucun résultat.

Le 6 mai, chasse générale. La Bête est levée près du Villaret, paroisse de Chanaleilles, elle est tirée, mais elle s'échappe encore.

Le 12, nouvelle chasse. Deux loups furent tirés à soixante pas. « Dans la battue qui s'est faite aujourd'hui, M. de Rochemure avec deux autres particuliers de la paroisse de

Grèzes ont tiré trois coups sur un animal qu'ils ont assuré être la Bête du Gévaudan, sans le blesser, et un jeune homme qui en fut blessé il y a quelque temps nous a dit que c'étoit la même qui l'avoit dévoré[4]. »

On fait encore une battue le 16, mais sans succès. Comme aucune victime n'était signalée depuis le 2 mai, ce qui semblait extraordinaire, étant donnée la multiplicité de ses attaques, on crut que l'animal avait succombé aux blessures reçues au premier mai.

« *Malzieu, 18 may.*

« Je crois qu'il est arrivé quelque sinistre événement à la Beste en question, depuis le 2 de ce mois nous n'avons appris aucune nouvelle qu'elle ait fait meurtre, ni mesme qu'elle ait attaqué personne, ce qui pourrait nous faire conjecturer que les blessures qu'elles a reçues la veille par MM. de la Chaumette, et le même jour l'une de nos battues à Saint-Alban, où je suis sûr d'avoir vu beaucoup de sang dans la poursuite que j'en fis, pourroient lui avoir occasioné quelque avanture. Ceci joint aux deux coups de fusil qu'on luy tira dans la chasse que nous luy donnâmes le six, bien tiré par un paysan à vingt pas, et l'autre à quinze pas par M. de la Fagette (*sic*) un de nos meilleurs tireurs, après que les chiens l'atteignirent, et la mordirent plusieurs fois au vu de plusieurs chasseurs[5]. »

Oh ! si vraiment la bête était morte ! Et comme le silence se continuait à son sujet, chacun se laissa bercer de cette douce espérance qui fit son chemin et gagna au large et au loin.

« J'ai l'honneur de vous mander, écrivait le délégué à M. de Saint-Florentin, que j'ai cru nécessaire de prier MM. d'Enneval de faire battre les bois, ravins et rochers les plus proches de l'endroit où la Bête fut tirée le 6. Il serait bien à désirer d'y trouver la preuve que les habitants du pays sont délivrés d'un monstre qui fait tant de ravages[6]. »

Hélas ! cette illusion ne devait pas être de longue durée !

« L'espérance que M. Denneval avoit donnée de la mort de la Bête féroce vient de s'évanouir, et la lettre que je reçois de lui en datte du 23 de ce mois m'apprend qu'elle continue ses ravages avec plus de fureur que jamais[7]. »

Le 19 mai, en effet, pendant une battue que l'on faisait, une fille d'environ cinquante ans fut dévorée au bois de Servilanges, paroisse de Venteuges. Le monstre lui avait coupé la tête qu'on ne put retrouver, et après avoir traîné environ cent cinquante pas le reste du corps, avait sucé tout le sang et arraché le cœur. Puis, quelques heures après, il était revenu ronger le haut de la poitrine.

« … Le 24, il dévore une fille à Mazel, paroisse de Jullianges, le même jour il attaque une fille à Marsillat, paroisse de Clavières, en Auvergne ; un enfant de quatorze ans lui enfonça dans le flanc une baïonnette dont il était armé, et qu'il retira tout ensanglantée…[8] »

Avait-elle été dérangée et chassée par les battues, ou bien était-ce simple fantaisie de sa part, c'est l'Auvergne que la Bête semblait choisir alors pour théâtre de ses terribles déprédations.

« Je viens avoir l'honneur de vous donner avis que l'une des bettes qui dévore le monde a passé à Lair, paroisse de Nozeirolles, le 1er juin, et a mangé une petite fille d'Étienne Hugon en gardant les bestiaux[9].

« Cet animal a paru plusieurs fois aux environs du village de Lair, en Auvergne, elle y attaqua un enfant le 27, qui se trouvant à portée de sa maison, eut le temps de s'y réfugier.

« Le 30, elle tenta à diverses reprises de surprendre le nommé P. Olier, journalier de Chanteloube, même paroisse de Nozeirolles. Cet homme labouroit près d'un petit bois. Il fit d'abord bonne contenance, et voulut aller à la Bête féroce avec une hache dont il étoit armé, elle attendit et lui inspira tant de frayeur, qu'il n'osa s'approcher. Il alla chercher du secours à son village, les paysans vinrent en foule, l'un d'eux la découvrit de fort près dans un bled, et luy tira un coup de fusil sans la blesser, un autre paysan fut à portée de luy donner un coup de hache, mais la crainte de la manquer, et de se voir ensuite attaqué le retint et la bête se retira ensuite à petits pas dans les bois de Roussillon, paroisse de Pinols, en Auvergne[10]. »

D'autre part, M. Denneval apprenait que la Bête s'était jetée sur une petite fille qui gardait deux bœufs au village de Jullianges « mais heureusement ces deux bœufs vinrent la dégager, et elle en fut quitte pour un coup d'ongle à l'épolle gauche. Elle voulut plus loin se jeter sur une jeune fille qui gardoit les cochons, mais ces animaux la secoururent (?) de même que sa mère qui étoit heureusement à sa portée. La Bête s'est ensuite réfugiée dans les bois de Lorcières[11]. »

Nos lecteurs nous pardonneront ces longueurs monotones et ce récit fastidieux des attaques et des carnages de la Bête. Celle-ci ne variait pas ses exploits dont l'histoire, par suite, ne peut être qu'uniforme et tristement monotone.

Enfin, comme de nouvelles victimes étaient signalées au Mazet et à Saint-Privat du Fau, une chasse énergique avait, en conséquence, été donnée au monstre, pendant les journées du 8, 10, 12 et 13 juin.

La chasse du 12, faite en partie en Auvergne, est ainsi racontée par M. d'Enneval, dans une lettre à M. Lafont :

« Monsieur, nous fîmes partir, le 11 au soir, nos gens et nos chiens pour aller coucher à Paulhac, afin de faire le lendemain matin une quête plus ample. Et nous nous rendîmes à six heures, à la chapelle de Beaulieu, dans la Margeride, rendez-vous indiqué, où nos gens nous firent rapporter qu'ils avoient connaissance d'un animal qu'ils soupçonnoient être la Bête et qu'ils l'avoient suivie à traces de limiers par les bois du Besset, en Auvergne, jusqu'à la rivière qu'ils ne purent passer ; et l'heure avançant ils tinrent conseil pour s'en revenir au rendez-vous. Sur le champ nous renvoyons les gens à pied de la communauté de Saint-Pierre-le-Vieux et de Prunières et nous gardâmes environ trente tireurs à cheval, avec lesquels nous nous mîmes à la poursuite. Passant par la Vachelerie, on nous rapporta qu'un paysan l'a vue à la pointe du jour derrière une petite muraille. Nous l'envoyâmes chercher, il nous confirma le fait et me mena à l'endroit et il me dit que la Bête avoit prit la fuite à son approche, la tête tournée du côté du bois de la Molle. Nous continuâmes à y marcher, de là, à Diége. Nous traversâmes les bois du Favard, ceux du Besset et nous passâmes la rivière près du château de Sarlonges (*sic*). Là, on nous rapporte que sur les neuf heures, la Bête avoit voulu attaquer une femme et une fille, mais que s'étant bien défendues avec la baïonnette, elle les avoit quittées faisant route vers Nozeyrolles, en Auvergne.

« Nous y fûmes et nous nous informâmes si on l'y avoit vue. On nous dit que non. Je demandois au Prieur quels étaient les bois les plus fourrés dans ce canton. Il me répondit qu'il y en avait de très forts de l'autre côté appartenant à M. Dupont de la Grange et qu'en tirant encore plus loin dans l'Auvergne, on trouvait ceux de M. d'Apchier qui y joignoient.

« Nous y fûmes et ayant grimpé la montagne, je postois les tireurs sur la crête et envoyois les chiens par dessous le bois en cas de besoin excepté un limier que je lâchois dans ces bois vers le milieu. Il en eut connaissance, la rapprocha très bien et lui fit passer ces bois jusqu'à la verrerie de M. de la Vedrine, gagnat vers ceux d'Apchier, où un orage nous prit et la nuit approchant nous l'arrêtâmes et fûmes coucher au village d'Auvert, où nous couchâmes tous dans la bergerie, et ne trouvâmes ni pain, ni paille. Dès la pointe du jour, je renvoyois en quête dans les bois de M. d'Apchier jusqu'à la Pause et dans ceux de Colanic proche l'abbaye de Pébrac et le Bois Noir, où on n'eut aucune connaissance.

« Nous rabattîmes sur les bois de Julianges, de Paulhac et de Saint-Privat-du-Fau, sans autre succès. Pendant ce temps, on vient avertir au Malzieu, sur les neuf heures du matin, que la Bête avoit paru dans les bois de Serverette et aux gorges de Prunières. Une personne, que j'y avais laissée pour avoir soin d'un chien malade, y fut avec. Il trouva le Vicaire qui avoit fait entourer ces bois, mais dans la battue il ne sortit rien. Et il n'a pas même été vérifié que ce fût la Bête. »

M. l'abbé Peytavin, curé de Saint-Julien-du-Tournel prétendait prouver péremptoirement que cette Bête n'était qu'un ou plusieurs loups carnassiers, et comme preuve il apportait la liste des personnes dévorées par les loups dans sa paroisse, surtout au village de Serviès.

1. ↑ Archiv. du P.-de-D. C. 1733.
2. ↑ *Ibid.* C. 1733. Lettre de M. Marie à Langeac.
3. ↑ POURCHER, p. 562-563.
4. ↑ Archiv. du P.-de-D. C. 1733. Lettre de M. de Montluc, du 12 mai.
5. ↑ Archiv. du P.-de-D. C. 1733. Lettre de M. Denneval.
6. ↑ *Ibid.* C. 1733.
7. ↑ *Ibid.*
8. ↑ *Ibid.* C. 1733.
9. ↑ *Ibid.* C. 1733. « Jeanne Hugon, âgée d'environ onze ans, fille légitime d'Étienne Hugon, du village de Lair, cette pauvre enfant fut ensevelie au cimetière de la paroisse, le 2 juin (1765), ayant été dévorée par la Bête féroce, le jour précédent, à demie mangée, dans le bois du village... DAUDÉ, prieur. »
10. ↑ Archiv. du P.-de-D. C. 1733. Lettre de Saint-Florentin.
11. ↑ *Ibid.* C. 1733.

# CHAPITRE X

# CHASSES DE M. ANTOINE EN AUVERGNE ET EN GÉVAUDAN

L A Bête, on l'a vu, s'était jetée en Auvergne, où elle continuait de faire sentir sa dent meurtrière :

« Avant-hier au soir, 23 du présent mois (juillet), tout à la brune, un enfant de neuf ans a été dévoré ou emporté par la Bête, ou par un loup, dans le bois à Auvert, parroisse de Nozerolles, lorsqu'il alloit chercher des bœufs, l'on a cherché toute la nuit sans le trouver n'ayant été vu à différentes places que partie de ses habits, et partie de sa chemise toute ensanglantée ; l'on n'est venu pour nous avertir ici qu'à une heure de l'après-midi, mais nous étions à chasser des loups par delà Pébrac, dont nous ne sommes revenus qu'entre neuf ou dix heures du soir ce qui fait que n'ayant pas de clair de lune nous n'avons pu nous y rendre sur le champ et y mener nos limiers pour aller au bois ce matin reconnaître les pieds de cet animal[1]

« Comme nous n'avons aucun doute que les derniers habitants qui ont été dévorés ne l'ont été que par des loups, cette fâcheuse connaissance pour les provinces nous oblige à demander des augmentations plus étendues à la Cour que celles avec lesquelles nous sommes arrivés icy[2]. »

Le lendemain, M. Antoine se transporta sur les lieux après avoir reconnu que le pied de l'animal qui avait dévoré l'enfant était celui d'un *gros loup,* il ordonna une chasse de six paroisses qui fut exécutée le jeudi vingt-six juillet.

Dans cette chasse, le bois d'Auvert fut investi ; l'on en fit sortir un loup qui ne put être tiré.

« Le soir, en se retirant, quelques batteurs trouvèrent le cadavre…

« … M. Antoine ayant voulu prendre le chemin le plus court, son cheval plongea et s'abattit dans un bourbier… Nous nous transportâmes sur les lieux, où était le cadavre à l'entrée de la forêt… Ce cadavre était tout nu, il avait une cuisse d'emportée, l'autre à demie rongée, ainsi que le derrière et les reins, une joue dévorée, le col disloqué sans être coupé, y ayant huit blessures tout autour, l'empreinte de quatre grands crocs au ventre…

« … Je ne saurais, Mgr, vous rendre des témoignages assez étendus sur le zèle dont M. Antoine est animé, sur l'activité avec laquelle il exécute de jour et de nuit ses opérations, et sur l'intelligence qu'il y met. L'on n'a à se plaindre de lui que pour lui-même. Il hasarde tout dans ses courses et va à travers les rochers, les précipices et les marais. Son aventure de jeudi dernier nous causa d'abord les plus vives alarmes. Il ne revint de la chasse du mardi qu'après neuf heures, par une nuit obscure et des sentiers affreux.

« Il serait bien fâcheux qu'il arrivât quelque accident à un aussi galant homme, je ne lui en ai point dissimulé mes craintes et mon frère qui l'accompagne partout ne cesse de lui faire entrevoir les dangers auxquels il s'expose. Monsieur son fils partage toutes ses fatigues, et agit avec la même ardeur que lui[3]. »

Ce qui avait conquis à M. Antoine la sympathie de M. Lafont, et de ceux avec qui ces chasses le mettaient en fréquents rapports, c'était l'affabilité de ses manières et de ses procédés, bien différents de la morgue hautaine de son prédécesseur, c'était la commisération qu'il témoignait, on le verra plus loin, à ces malheureux habitants, journellement exposés à l'insatiable voracité des bêtes féroces, c'était enfin l'endurance qu'il montrait et le courage infatigable qu'il déployait dans ces poursuites périlleuses, où sans compter il payait bravement de sa personne, comme le dernier des gardes qu'il avait amenés avec lui.

« Ni la chute que j'ai faite avant-hier dans un bourbier, où mon cheval voulant se relever m'a blessé légèrement le pouce de la main gauche, tout cela n'est rien, ni la misère où nous nous trouvons souvent réduits dans les pauvres villages où il est nécessaire que nous habitions, où le foin et la paille manquent presque toujours, et réduit souvent nos chevaux à l'herbe alternativement avec le foin vieux ou nouveau, joint à ce qu'ils ont toujours les pieds dans l'eau et dans les pierres, sans l'avoine qui nous a été fournie ils seroient déjà hors de service, car ils marchent tous les jours. Nos gardes couchent presque toujours sur du foin, ne pouvant être permanents dans un même lieu.

« … Tout cela ranime notre ardeur contre ces monstres dévorants, surtout en voyant les malheureux restes des cadavres qu'ils ont dévorés, et aussi par l'amitié et la confiance que les habitants nous témoignent en cette occasion.

« Nos gardes les mènent avec eux à l'affût, et il est promis un louis à celui d'entr'eux qui pourra tuer un loup, et nous vous représentons que c'est ces animaux qui ont dévoré la plupart des habitants qui l'ont été dernièrement et que si vous l'approuviez et voulussiez bien, il fut accordé trente livres à chacun de ces habitants qui pourrait tuer un loup à l'affût, dans les endroits seulement où il s'est fait des carnages humains, ce qui seroit prouvé être hors de supercherie.

« Les pluyes, les brouillards épais qui règnent tous les matins et qui durent souvent jusqu'au soir, les foins, les bleds qui ne peuvent être récoltés qu'à la fin d'août, les habitants qui y sont occupés, ce qui fournit toutes leurs ressources, tout cela retarde beaucoup toutes nos opérations.

« *Au Besset près Saugues, 27 juillet 1765.*

« ANTOINE[4]. »

M. Antoine était donc bien convaincu que ces bêtes dévorantes n'étaient autres que des loups, et, certes, il était bien placé pour le savoir en connaissance de cause. Toutefois, quelle que pût être sa conviction à ce sujet, le résultat de ses labeurs n'en était aucunement modifié.

Allait-il, comme ses devanciers, se retirer devant ces loups qui demeuraient insaisissables ? Une légitime appréhension commençait à le gagner à mesure qu'une exploration plus complète lui faisait mieux voir les difficultés insurmontables de ces pays sauvages que compliquaient encore les intempéries qui sont le lot ordinaire de ces altitudes.

À sa sollicitation, une nouvelle ordonnance de l'Intendant d'Auvergne, du 23 juillet, édictait de nouvelles prescriptions qui devaient lui faciliter les chasses entreprises.

Enfin, dans un mémoire, trop long pour être cité dans toute sa teneur, qu'il faisait porter par le sieur Regnault, l'un de ses gardes-chasses, à M. de Saint-Florentin, il exposait par le menu, ses observations sur la nature du pays et les secours dont il avait besoin pour chasser avec espérance de succès :

« Il n'y a point de différence entre les traces de la Bête anthropophage que l'on recherche et celles d'un grand loup. Depuis cinquante ans que le S$^r$ Antoine chasse en France, en Allemagne, en Piémont, il n'a jamais vu de pays pareil à celui-ci et aussi difficile, pays de montagnes, coupé de ravins profonds et escarpés, de rochers souvent inaccessibles où les loups font leurs tanières, de nombreux bourbiers ou *molières* font encore courir de grands dangers aux voyageurs ; les ruisseaux, habituellement guéables, grossissent considérablement par les grandes pluies ; le pays est pauvre, mais les habitants se prêtent de bonne volonté aux battues. Il faudrait un limier de plus et un grand nombre de chiens, il indique à qui il faut les demander ; il supplie M. de Choiseul de lui envoyer douze bons et sages sergents avec un officier d'infanterie pour commander les grandes et les petites battues ; il demande enfin l'assistance de tous les bons chasseurs du royaume, « et nous les prions en cette qualité de vouloir bien nous accorder leurs bons avis par écrit, sur la conduite des chasses que nous faisons[5]. »

Pour qui connaît ces contrées, les craintes que causaient à M. Antoine les difficultés des lieux et la frayeur que lui inspiraient les nombreux bourbiers ou, suivant son expression, « *les molières*[6] » particulières à ces montagnes, étaient vraiment justifiées. On ne se doute pas de ce que ces fondrières ont de perfidie et de dangers pour les personnes inexpérimentées. Dans les plis serrés qui se creusent au pied des sommets divers de la Margeride, entre les futaies ou les taillis, s'allongent d'étroites prairies, de sinueux pacages, revêtus d'un fin gazon court et serré. Çà et là de larges plaques, souvent circulaires, d'une végétation encore plus drue, ponctuent d'un vert plus intense la teinte monotone de ces pelouses rétrécies. C'est sous ce gazon plus verdoyant que se cachent les insidieux bourbiers. Le chasseur plein de confiance et le nez au vent, avance devant lui sans hésiter. Soudain il voit, sous son poids, le feutre épais sur lequel il marche se mouvoir en des ondulations significatives. Il s'arrête et veut revenir sur ses pas. C'est bien un peu tard. Sous le tapis de verdure qui s'est traîtreusement entr'ouvert, son pied plonge déjà dans une vase gluante et tenace qui l'emprisonne sans merci. Il s'appuie sur l'autre pied, mais l'autre pied s'enfonce à son tour, et notre homme, pour gagner un sol plus ferme, n'a d'autre ressource que de s'étendre, s'aider de ses mains, et marcher à la façon des animaux. Une fois sa victime sortie, la pelouse perfide reprend son aspect habituel, et ne laisse rien deviner de ce qui vient de se passer.

Et quand le cavalier, lancé à fond de train, jetait son cheval dans ces fondrières invisibles, quelle épaisseur de boue devait couvrir, des pieds à la tête, l'homme et la bête, et quel danger pour eux de périr étouffés sans pitié, s'il n'y avait là des mains vigoureuses pour leur porter secours !

La Bête avait une préférence marquée pour ces passages, lorsqu'elle était poursuivie. Par un adroit détour elle évitait facilement ces pièges où les chevaux venaient s'embourber inévitablement.

À la chasse du 22 décembre 1764, les deux dragons qui la serraient de près et allaient la sabrer n'avaient-ils pas été arrêtés par un bourbier ? Naguère encore, M. Denneval n'avait-il pas donné dans un de ces pièges invisibles ? M. Antoine, à son tour, ne venait-il pas, grâce à son inexpérience, de recevoir une dure leçon ? Enfin le garde Pélissier ne s'embourbait-il pas de telle sorte qu'il croyait périr, et cet événement ne fut-il pas cause que les Chastel furent mis en prison, le garde les ayant accusés de lui avoir joué un mauvais tour ?

Cette sagacité du monstre faisant ainsi tourner à son avantage les difficultés du sol, excitait au plus haut point l'étonnement terrifié des indigènes. Il n'y avait plus à en douter, cet animal était sorcier et c'est surtout la nuit qu'il devait être difficile d'échapper à sa dent meurtrière.

« Je suis désespéré que malgré que j'offre douze livres au premier habitant qui viendroit m'avertir à l'instant de l'endroit où il y auroit eu quelqu'un de dévoré, et même douze livres de plus, si par cet avertissement le loup étoit tué, tout cela n'a pas pu jusqu'à présent engager aucun de ces habitants, poltrons comme des poules, à marcher la nuit même à si peu de distance des endroits où nous sommes par la frayeur mortelle dont ils sont remplis de ladite Bête qu'ils croient la plupart être sorcière.

« Par les procès-verbaux signés de tous nos gardes et de moy sur les trois carnages humains qui se sont faits icy, nous reconnaissons être faits par des loups, sçavoir, celui de Broussolles, celui d'Auvert, et celui d'avant hier à la paroisse de Cervières (Servières), où un petit garçon âgé de huit à neuf ans a été enlevé à la vue de son père, de sa mère et de sa sœur, et porté à plus de cinq cens pas, et un faucheur qui étoit près de là a obligé cette Bête de s'enfuir, ayant laissé le petit garçon sans connaissance, ayant eu deux crocs au-dessous du menton, la joue gauche ouverte, trois ou quatre dentées au-dessus de la tête, à l'épaule et à la main aussi. Cet enfant ayant été pansé par un chirurgien de Saugues, l'on espère qu'il n'en mourra pas…

« Nous sommes dérangés à tout moment, ayant commandé demain une grande battue pour fouiller la forest noire et bois d'Auvert, où par le rapport des valets de limiers les loups y ont leurs louveteaux.

« *Au Besset, ce 29 juillet.*

« ANTOINE[Z]. »

En cette période de la chaude saison, où les récoltes couvraient le sol, où les foins qui séchaient et les moissons qui se doraient ne laissaient point chômer les bras valides, les opérations de M. Antoine étaient comme paralysées, et ne pouvaient guère se faire que le dimanche.

Aux premières journées d'août, M. le comte de Tournon était venu le rejoindre avec une meute de vingt-cinq chiens, deux piqueurs et deux valets, et de concert ils tentaient de trouver la piste de la Bête, pour lui donner la chasse, dans le rayon circonscrit dont elle semblait ne plus s'écarter :

« J'ai reçu les affiches pour avertir les paroisses d'Auvergne, les batteurs, tireurs et bergers avec leurs chiens pour se joindre aux différents rendez-vous qu'exige la queste continuelle que nous sommes tous les jours obligés de faire pour le détourner, ce qui nous paroit presque impossible, parce qu'il est presque toujours sur pied, il ne fait que roder à environ une lieue et demye autour de nous, mais vu la récolte, nous laissons les habitants en repos, à finir leurs foins et à commencer les blés, où il n'y a pas encore icy deux arpents de sciés. Mais les dimanches nous assemblons cinq ou six paroisses à tour de rôle pour faire une battue, qui faute que les batteurs n'ont point d'ordre dans les marches elles ne peuvent réussir…

« Je quitte la plume par la rumeur que j'entends, et je la reprends pour vous informer, monsieur, que cette rumeur étoit causée par tous les habitants de la paroisse de la Besseyre, dans le Besset, à une distance d'un demy-quart de lieue, qui couroient après ce loup qui venoit d'étrangler une grosse fille âgée d'environ vingt ans qui étoit assise à filer avec une autre grande et deux autres petites filles. Cela est arrivé à près de huit heures du soir, et il l'a traînée environ vingt pas dans un petit bois. Tous nos gardes, mesme M. le comte de Tournon, M. de Lafont et mon fils et moy serions arrivés à tems pour le tirer, si une grande quantité de monde n'y fut arrivé avant nous, ce qui l'a fait s'enfuir, un instant avant notre arrivée. Nous avons reconnu par le pied que c'étoit toujours le même loup.

*« Au Besset, le 9 août 1765.*

« ANTOINE[8]. »

1. ↑ « Claude Biscarrat, âgé d'environ neuf ans, fils de Louis et de Françoise Borie, du village d'Auvers, de cette paroisse (Nozeirolles), fut inhumé au cimetière le 25 juillet, présente année (1765), ayant été dévoré par une Bête féroce le 22 du susdit mois à l'entrée du bois de Coloni, et à demi rongé par la Bête ou loup carnacier (sic), qui règne dans le pays... DAUDÉ, prieur curé, Mijoule prêtre présent. » (Registre de la paroisse de Nozeirolles d'Auvert.)
2. ↑ *Ibid.* C. 1734.
3. ↑ Relation de M. LAFONT. POURCHER, p. 748-752.
4. ↑ Archives du Puy-de-Dôme. C. 1735.
5. ↑ Archives du Puy-de-Dôme. Inventaire, p. 82.
6. ↑ « *Las mouleyras* » dans le langage local. C'est autour de ces molières que croît cette plante, si rare en France, le « Betulanana » (bouleau nain), que les botanistes viennent cueillir, au cours de la belle saison. Commun dans les steppes de Russie, cet arbuste minuscule ne se trouve que dans ce recoin des Margerides, entre Chanaleilles et Servières.
7. ↑ Archives du Puy-de-Dôme. C. 1733.
8. ↑ *Ibid.* C. 1736. La fille à laquelle il est fait allusion était Jeanne Anglade de Pompeyren, paroisse de la Besseyre Saint Mary, « âgée d'entour seize ans, égorgée par la Bête qui mange le monde, dans un des tènements du Besset, où elle gardait les bestiaux de Guill. Comte... inhumée le dixième août 1765, dans le cimetière de la paroisse... signé : FOURNIER, curé (Greffe de Riom).

# CHAPITRE XI

# INSOLENTS MÉFAITS DE LA BÊTE

La Bête ne semblait aucunement s'inquiéter de la présence de M. Antoine, du comte de Tournon et de leurs chiens, non plus que des battues faites pour la déloger.

Le 11 août, M. Antoine avec ses gardes s'était transporté d'abord à Servières, puis de là à la Font-du-Fau, en Auvergne, pour y faire deux battues qui devaient se joindre au grand Bois Noir que l'on voulait investir et fouiller.

Au cours des opérations, on vint lui annoncer qu'une jeune fille, Marie-Jeanne Vallet, domestique de M. Bertrand Dumont, curé de Paulhac, avait été attaquée par la Bête en se rendant à Broussous, petite ferme voisine du chef-lieu de la paroisse.

Aussitôt, M. Antoine se transporta sur les lieux, étudia les traces et reconnut que c'était le même loup qui continuait ses ravages. Mais comme les chiens des bergers l'avaient poursuivi très loin, il lui fut impossible de prendre la suite et tout ce qu'il put faire, ce fut de dresser procès-verbal de la lutte entre la Bête et la dite jeune fille, âgée de dix-neuf à vingt ans :

« Ladite Vallet, attaquée par la Bête, lui a porté dans le poitrail, de toute sa force, un coup de la bayonnette qu'elle portoit. M. Antoine a vu la bayonnette teinte de sang sur une longueur de trois pouces ; la Bête une fois touchée a poussé un cri en portant une patte de devant à sa blessure, puis s'est roulée dans la rivière et a disparu. Au dire de Jeanne Vallet et de Thérèse, sa sœur, elle est à peu près de la taille d'un gros chien de troupeau, ayant une teste très grosse et platte, la gueule noire et de belles dents, le collier blanc, le col gris, beaucoup plus grosse par devant que par derrière, et le dos noir[1]. »

C'est alors que M. Antoine reçoit, envoyée de Saint-Germain-en-Laye, par le sieur Regnault, garde-chasse, une caisse remplie de pièges à loups, qu'il dispose aux passages les plus fréquentés de ces terribles animaux.

Pendant quelques jours, on vit les gardes et les chasseurs, la pioche sur l'épaule, au coin des bois, creuser des fossés, rétrécir les passages et dissimuler adroitement les traquenards sous une mince couche de terre. Qui sait si une fois ou l'autre la Bête ne finirait point par marcher sur l'un des emplacements préparés ? Et soir et matin, avec une anxiété bien explicable, on venait visiter le piège et voir enfin si aucune capture n'était faite.

Mais la Bête, ou plutôt les loups avaient du flair, et ces recoins si savamment préparés ne leur disaient rien qui vaille. Aussi les pièges comme jadis le poison, n'eurent guère de succès.

Il n'y avait donc rien à faire contre ces maudites Bêtes !

M. Antoine ne craignait pas d'afficher ses sentiments religieux. Le lundi, 19 août, il faisait célébrer une messe solennelle du Saint-Esprit par M. Fournier, curé de la Besseyre.

Le prieur de Pébrac, les curés de Ventuéjols, de Saugues, de Paulhac et le prieur de Nozeirolles y furent invités. Le curé de Ventuéjols s'y rendit en procession à une lieue de distance et le concours fut si grand que l'église de la Besseyre ne put contenir tous les arrivants. Le clergé fit une procession où assistèrent MM. Antoine père et fils, le comte de Tournon, M. Lafont, les gardes-chasses et les piqueurs en uniforme et sous les armes. Au retour de la procession, on chanta la messe, on fit l'offrande et la cérémonie finit par l'*Exaudiat* et l'oraison pour le Roi. M. Antoine donna ensuite à dîner à tous les ecclésiastiques et leur remit de l'argent pour distribuer aux pauvres de leurs paroisses ; il en distribua lui-même à ceux qui se trouvaient dans l'endroit.

Il n'était pas hors de propos d'invoquer l'assistance du ciel : la condition des habitants devenait si pénible, et les calamités semblaient si tristement se conjurer pour leur rendre l'existence pesante et douloureuse !

« Il fait ici un temps déplorable depuis trois jours pour les biens de la terre, les blés qui sont presque tous sur pied ou à terre pourrissent sans pouvoir les serrer[2]. »

Les semailles, à cause des chasses continues, avaient été faites d'une manière insuffisante, le peu que l'on avait semé ne pouvant être levé d'une façon satisfaisante, on comprend facilement quelle misère devait peser sur ces populations appauvries qui n'avaient pas d'autres moyens de subsistance.

« La misère est si grande, ici, que presque tous les habitants manquent de pain, de sorte qu'ils sont forcés de se rendre aux battues en tombant d'inanission, faute d'avoir mangé, ce qui oblige même ceux qui ont quelque peu de bled de les faire moudre tous verts, ce qui m'engage à vous représenter combien nous souffrons de voir sous nos yeux, comme partout où nous allons, une si affreuse misère ; elle a tellement touché hier M. de Lafont, qu'il a donné au rendez-vous, dix-huit livres aux trois paroisses du Gévaudan.

« … Mon fils me mande de la Cour, que par la protection que vous avez bien voulu accorder à notre mémoire, qui a été porté au conseil, il avoit été résolu qu'il seroit écrit à S.

Altesse Mgr le duc de Penthièvre pour avoir le sieur Chabeau, un limier et trois chiens courants pour loup, ainsi qu'à M. le Marquis de Montmorin pour avoir Dorade et deux chiens aboyeurs. Qu'il ne seroit pas écrit à M. de Champigny, mais que pour remplacer les chiens qui lui auroient été demandés, il nous sera envoyé les limiers, chiens courants, lévriers et mâtins d'équipage de la louveterie du Roy qui alloient nous arriver icy, conduits par un valet de chiens.

« Au Besset, ce 21 août 1765.

« ANTOINE [3]. »

Dans cette lettre M. Antoine demande en outre l'autorisation de distribuer quelques secours aux habitants.

Cependant, l'on n'avait aucune nouvelle de la Bête depuis l'attaque de Jeanne-Marie Vallet à Paulhac, et l'on espérait que la blessure qui lui avait été faite par cette jeune fille aurait eu peut-être des conséquences funestes pour cet animal maudit. Plus de vingt jours s'étaient écoulés et l'on n'entendait parler d'aucun méfait. Bientôt les hypothèses devinrent des espérances et ces espérances prirent, dans les esprits, la consistance de réalités. Hélas ! on n'allait pas tarder à être déçu de toutes ces illusions !

Le 28 août, le garde Rainchard avait tiré de loin un fort grand loup que l'on croyait être la Bête poursuivie ; l'animal frappé à mort, put cependant fuir encore assez longtemps pour échapper aux chiens, et aller mourir près de Védrines-Saint-Loup.

Le fils d'Antoine fut alors envoyé pour rechercher l'animal disparu :

« *À Saint-Flour, 3 septembre, 1765.*

« Monsieur, j'ay été détaché icy par mon père avec le sieur le Conte, garde-chasse du parc de Versailles pour venir réclamer un très-gros loup que le nommé Rainchard, garde-chasse de son Altesse Sér. Mgr le duc d'Orléans tira le 28 du dernier mois, lorsqu'il étoit occupé à regarder de petits enfants qui gardoient des vaches dans le bois de la Ténagère ; comme il porta son coup à deux lieues de là, les paysans de Verderine Saint-Loup l'apportèrent ici pour en recevoir la gratification du sieur de la Vallette qui m'en a remis les oreilles et la peau, et à force de perquisitions nous avons trouvé la carcasse de ce loup dont nous avons coupé les quatre pieds, et nous avons reconnu, suivant les connaissances que nous en avions, que c'étoit le même loup qui a déjà fait plusieurs carnages humains. Je m'en vais retourner à Verderine Saint-Loup en rechercher la tête que les paysans ont emportée. Mon père m'a chargé de vous demander deux cavaliers de maréchaussée pour faire marcher dans les battues les paysans qui refusent la plupart du temps le service…

« DE BEAUTERNE[4]. »

Le 8 septembre, une jeune fille du village de la Vachellerie, paroisse de Paulhac, disparaissait soudain vers les sept ou huit heures du soir, et l'on ne retrouvait d'elle que sa coiffure qui avait été rapportée par un berger.

M. Antoine, prévenu à une heure du matin de cet enlèvement, se rendit, trois heures après, avec quatre gardes-chasses et nombre d'habitants, au bois d'Armond, situé à courte distance du village de la Vachellerie pour y faire les recherches nécessaires :

« Nous avons reconnu que cette fille y avoit épluché un petit bâton. Il a été trouvé encore dans la même place un petit morceau d'étoffe de la grandeur de trois à quatre pouces, percé de deux dentées. Ensuite de quoi, les valets des limiers et les dits gardes se sont tous mis à courir le bois. D'abord, ils ont trouvé une partie de vêtement tout déchiré et tout auprès une grande effusion de sang. Plus haut encore, il a été trouvé une partie de juppon toute délabrée par les plis qui étaient séparés, tous percé et remplis de sang. Beaucoup plus haut, dans une place de bruyère, a été trouvé, tout nu, le cadavre de cette fille, la gorge toute percée des crocs de cette cruelle bête, ayant la cuisse gauche toute mangée jusqu'à l'os. Cet animal l'a coupée et rongée tout près de l'emboiture de la hanche, et au ventre il n'a été aperçu que des meurtrissures et des égratignures des ongles que lui a fait cet animal en la dévorant[5] ».

C'était vraiment inconcevable ! M. Antoine avait établi sa résidence au Besset, ses gardes étaient disséminés dans les villages avoisinants qui s'étagent sur les larges flancs du Montmouchet, l'un des plus hauts sommets des Margerides, et c'est juste aux alentours du Montmouchet que la Bête multipliait alors ses exploits audacieux.

C'est là que venait d'être attaquée Marie Vallet, là qu'avait été dévorée la fille de la Vachellerie. C'est là aussi qu'allaient être bientôt assaillis le muletier de Paulhac, et sur l'autre versant, les enfants de Teyssèdre.

On croirait aisément qu'il y avait quelque chose d'extraordinaire dans cette Bête, qui, alors qu'ailleurs l'impunité lui était facilement assurée, venait choisir ses victimes au milieu des chasseurs acharnés à sa poursuite et semblait ainsi les braver outrageusement.

Maintenant elle ne doutait plus de rien et s'en prenait aux hommes dans la force de l'âge.

« La Bête féroce attaqua, le 11, un muletier qu'on m'a assuré être âgé de trente à trente-cinq ans et être un homme vigoureux. Ce muletier conduisait six mulets, sur un desquels il y avait un fusil qui n'était chargé qu'avec de petits plombs. Il aperçut la Bête couchée sur la bruyère, prit son fusil et fut à elle et lui tira à environ vingt pas. La Bête se relève en fureur et vient sur le feu, ce qu'elle n'avait fait encore. Elle renversa ce muletier et un de ses frères étant en avant avec un autre homme et marchant à quelques pas de distance de lui, lorsqu'ils entendirent le coup de fusil, ils se retournèrent et aperçurent le muletier couché par terre, se débattant avec la Bête. Ils coururent à son secours et elle s'enfuit vers le bois de la Pauze[6]. »

Le muletier se nommait Gouny, et l'incident se passait non loin de Paulhac, sur la route de Saint-Flour.

Cet insuccès ne décourageait point la Bête qui recommençait ses tentatives sur l'autre versant du mont, en Auvergne, cette fois :

« *Le Besset.*

« L'an 1765 et le 13 du présent mois de septembre, nous, François Antoine, etc. ayant été averti aujourd'hui au Besset, lieu de notre présente résidence par le nommé Jacques Teissèdre, demeurant au Bessat[7], paroisse de Pignols (Pinols), en Auvergne, lequel nous a déclaré que hier au soir, au soleil couchant, l'aîné de ses enfants qui s'appelle Jean Teissèdre, de l'âge de seize à dix-sept ans, étant dans un pré à garder des bœufs, il a vu venir à lui cet animal qui lui a parû fait comme un chien et de la grosseur d'un loup. Cet animal auroit passé devant le dit petit garçon, et en même tems il s'est trouvé saisi au col par derrière en le renversant par terre, lui a fait une dentée considérable au col et deux derrière la tête ; à ce moment elle auroit quitté le petit garçon pour aller reprendre un autre petit garçon domestique dudit Jacques Teissèdre, âgé d'environ onze à treize ans, lequel enfant ne pouvoit parler à cause que ledit animal l'avoit saisi d'abord au col où nous avons aperçu deux dentées considérables pour y faire entrer le doigt, et la troisième dentée que cet animal lui a faite lui a fendu la joue environ un pouce et demi de long, et ensuite il a été déclaré par l'autre petit garçon qui étoit avec lui l'avoir vu traîner environ cinquante pas sans le quitter et il l'a secouru avec une bayonnette qu'il portoit.

« A déclaré ledit Jean Teissèdre attandu qu'il étoit nuit ne pouvoir rien dire d'assuré touchant ce qui concerne la grosseur, grandeur, couleur de poil de cet animal que ce qu'il a déclaré cy-dessus, déclarant aussi ne savoir signer de ce interpellés, icy présens au Bessat les sieurs Lacôte, Pellissier, Dumoulin, Lacour, Lecteur, le sieur de Lafont et le sieur Antoine de Beauterne[8]. »

Enfin, le lendemain, 13 septembre, était encore dévorée une jeune fille de douze ans, au hameau de Pépinet, paroisse de Venteuges, dans les bois contigus à la Besseyre-Saint-Mary.

Comme cette enfant n'était pas rentrée vers les huit ou neuf heures du soir, ses parents allèrent à sa recherche à l'endroit où elle gardait ses bestiaux. On ne trouva que ses coiffes et une bayonnette fichée en terre à côté de ses sabots. Le lendemain, sur le bord du bois, on découvrit le corps de la victime en partie dévoré, et rendu méconnaissable. C'était la troisième de ce village.

Ces restes défigurés furent apportés à la maison où, suivant un récit transmis par la tradition, eut lieu une scène poignante de désolation et de désespoir. La mère, dans l'égarement de sa douleur, s'était jetée sur ces débris ensanglantés qu'elle serrait convulsivement en poussant des cris déchirants. On ne pouvait l'arracher à cette étreinte. Le père gémissait de n'avoir pas su garder auprès de lui sa fille, au lieu de l'exposer à la dent meurtrière du monstre.

Et avant que la tombe la reçût, la victime resta quelques heures dans cette demeure, recouverte d'un voile. Les parents, les amis, hommes, femmes et enfants, le plus grand nombre arrivés des villages voisins, venaient soulever un coin du voile et la regarder une dernière fois. Cette masse informe et sanguinolente, ces lambeaux de vêtements déchiquetés que raidissaient des taches noirâtres de sang coagulé, ces débris sans nom — tout ce qui restait de cette jeune fille pleine de vie la veille — pénétraient d'horreur tous les assistants. Et là, chacun s'apitoyait sans mesure en cris aigus, en sanglots déchirants, renouvelés chaque fois qu'entrait un nouvel arrivant. On ne pouvait résister à cette émotion contagieuse, et sur ces faces d'hommes endurcies par les intempéries et les rudes labeurs de la glèbe, on surprenait des larmes furtives qu'ils étaient impuissants à retenir.

On peut juger combien le monstre était maudit et combien la terreur était à son comble ! Pauvres gens que la misère accablait lourdement, que la douleur étreignait si durement et que la Bête infernale menaçait toujours. Personne ne pourrait donc les délivrer de ce fléau !

1. ↑ Archives du Puy-de-Dôme. Inventaire, C. 1736.
2. ↑ Lettre de M. Antoine à l'Intendant.
3. ↑ Archives du Puy-de-Dôme. C. 1736.
4. ↑ *Ibid.* C. 1736.
5. ↑ Archives du Puy-de-Dôme, C. 1736.
6. ↑ *Ibid.* C. 1736.
7. ↑ Ce nom est diversement orthographié, on lit parfois Bussat ou Buffat.
8. ↑ Archives du Puy-de-Dôme, C. 1736.
« J'ai donné des ordres pour faire payer au nommé Jean Teyssèdre une somme de quatre vingt seize livres pour la gratification que vous avez bien voulu lui accorder, et comme son camarade a été dangereusement blessé par la Bête féroce, le 21 du mois de septembre dernier, je lui ai fait donner quarante huit livres. »

# CHAPITRE XIV

# DESTRUCTION DE LA LOUVE ET DE SON LOUVETEAU

L'ANIMAL, ainsi préparé, fut ensuite apporté à Paris.

« *Paris, le 2 oct. 1765.*

« M. Antoine le fils, arriva hier à Versailles avec la Bête féroce qui fut portée sur-le-champ chez M. le comte de Saint-Florentin, et ensuite chez la Reine où elle fut exposée aux yeux de toute la Cour, qui n'y vit qu'un loup carnassier, armé de défenses un peu plus extraordinaires que ceux connus. On ne manqua pas d'en détailler la figure. Il a été tiré successivement par Antoine le père et par le garde-chasse dont on a parlé. Ainsi ils partagent l'honneur de sa défaite, et sans doute ils auront la même récompense. On a injecté cet animal pour le conserver : on croit qu'il laisse postérité[1]. »

Je laisse à penser si l'on fit fête au jeune chasseur, s'il fut entouré et félicité par le Roi et toute sa Cour.

On ne doutait pas que ce fût la Bête qui avait fait tant de ravages. Aussi, dans toute la France, au bruit répandu de cette victoire tant désirée, s'éleva un long cri de triomphe.

Mais nulle part la joie et la satisfaction ne furent aussi profondes que dans cette malheureuse contrée. Un soupir de soulagement s'échappa de toutes ces poitrines oppressées.

L'animal qui venait d'être tué était-il vraiment la Bête féroce tant redoutée ?

Les opinions étaient variées sur ce sujet.

M. Bès de la Bessière, de Saint-Chély, écrivait :

« L'animal tué par Antoine n'était pas la Bête qui avait fait tant de dégâts. Cet Antoine tua trois loups dans la même chasse et les conduisit à Paris en poste, mais sans doute il n'en montra qu'un pour mieux jouer son rôle et faire croire que c'était la fameuse Bête. Peut-être céda-t-il ou vendit-il les autres à des gens qui les portèrent çà et là, pour gagner de l'argent, ce qui est vraisemblable[2]. »

M. Ollier, curé de Lorcières, en Auvergne, dans une lettre du 28 décembre, que l'on lira plus loin, soutenait aussi que la Bête n'était point morte et que cette Bête n'était point un loup.

Ces assertions sont contestables. La première est injuste ; elle est en contradiction avec le procès-verbal fait, avec les témoignages des personnes appelées, et démentie par les événements qui vont être racontés. L'une et l'autre d'ailleurs se basaient sur cette conviction qu'il n'y avait qu'*une seule Bête* et que *cette Bête n'était point un loup*.

Or, le loup tué par M. Antoine était bien l'une des bêtes qui dévoraient les gens. Ses proportions exceptionnelles, les affirmations des personnes attaquées par lui, et surtout ce qui se passa dans la suite, en paraissent être une preuve catégorique.

L'opinion personnelle de M. Antoine semble très acceptable :

« Je ne prétends pas prouver qu'il n'y ait eu d'autres loups qui ne se soient joints à lui pour dévorer les humains, comme il est arrivé en 1630, où l'on a été huit ans à les détruire, et je suis trop modeste pour avancer qu'il est seul. Si j'avais reçu plus tôt les chiens que j'avais demandés, il y a longtemps que j'aurais été plus expert à rendre cette connaissance plus parfaite[3]. »

À Paris, la Cour avait accueilli sans restriction cette créance que la Bête était bien morte. Seulement il restait encore une louve, sa femelle, avec deux louveteaux. M. Antoine reçut ordre de faire tous ses efforts et de continuer ses chasses pour exterminer cette engeance. Il vient donc engager de nouvelles poursuites dans les bois qui lui ont été déjà si propices.

HYENNE
Animal Feroce
qui ravage le gevaudan depuis 1764
tel qu'on la croye à la cour

« Cet animal est très rare hors de l'Égypte, il est aussi grand et ressemble à un loup excepté qu'il n'a pas les jambes si longues, il a le poil rude et la peau couverte de taches, quelques uns le dépeignent avec la tête d'un mâtin, les oreilles courtes et triangulaires, la queue et les pieds d'un Lyon, Pline dit que l'hyène change de sexe tous les ans, c'est-à-dire qu'il est mâle une année, et femelle l'autre. Aristote et Élien disent qu'il rend les chiens muets par son ombre, qu'il imite la parole des hommes et que par ce moyen il les fait sortir de leurs maisons et les dévore. Ils disent aussi qu'il a les pieds d'un homme et point de vertèbres au cou. Il parut un de ces animaux aux jeux séculaires à Rome sous l'Empereur Philippe. »
Bibl. Nat. — Coll. Hennin.
Cliché de la Revue AEsculape.

« *24 septembre. Au Besset.*

« J'ai été avant-hier coucher à l'abbaye de Pébrac, en Auvergne, et nos six valets de limiers ayant été au bois dans ses environs, ils n'ont rien trouvé, et je suis revenu hier coucher icy, et lesdits valets de limiers ont fait tous les bois qui nous entourent et n'ont rien trouvé. Nous irons demain, suivant vos bons avis, coucher à l'abbaye des Chazes pour tâcher de détruire la louve et les louveteaux, suivant ce que vous me marquez d'assez intéressant à ce sujet.

« ANTOINE[4]. »

« J'ai l'honneur de vous écrire, sans enveloppe faute de papier, que je me suis rendu icy pour exterminer la veuve et les enfants de la beste que je vous ai envoyée. J'ay profité de votre avis ; nous les avons chassés hier quatre heures de suite, dans des bois si fourés, entrecoupés de roches de façon qu'ils sont impénétrables, de façon que nos chiens se sont randus, de façon que nous avons été obligés de nous retirer ; cependant deux maladroits tireurs de Langeac ont manqué la grande louve bien près de l'endroit où ils l'ont tirée. Messieurs de Langeac nous traitent fort mal en tireurs ; ils nous envoient des gens qui n'ont jamais porté de fusil, de douze ans ou bien treize au plus ; cependant j'en avoir pris 30 que j'ai payés chacun 12 sols sans aucun batteur, ayant des chiens qui valent mieux que 400 batteurs.

« À l'abbaye de la Chaze en Auvergne, ce 28 septembre 1765.

« ANTOINE[4]. »

La Cour suivait avec beaucoup d'intérêt les nouvelles chasses, — on peut en juger par les lettres que M. de Saint-Florentin écrivait à l'Intendant d'Auvergne — et M. Antoine avait été prié de donner sur ses opérations les détails les plus circonstanciés, ce dont il s'acquittait très ponctuellement.

« 5 octobre. Je n'ay pas manqué de faire tout mon possible pour détruire la grande louve et deux louveteaux qui restoient de celui que j'ai tué dans le bois de l'abbaye royale des Chazes. Nous les avons chassés hier pour la troisième fois ; dans la seconde chasse, elle avait été tirée deux coups par des maladroits qui ont été sans effet ; hier, elle a été tirée par deux de nos gardes et elle faisait beaucoup de sang, de sorte qu'elle a refui très loin, ne la pouvant suivre par l'impossibilité du païs. Aujourd'hui j'ay envoyé les valets de limiers pour reconnaître si elle étoit revenue, ils n'ont revu que les louveteaux qu'ils n'ont pu détourner et que sûrement nous irons chercher demain…

« ANTOINE[5]. »

Le 8 octobre, M. Antoine annonce que M. le Comte de Tournon est revenu avec sa meute pour achever l'extermination des loups qui restent.

Il demande, en outre, combien il peut donner « au chirurgien qui a pansé pendant quinze jours l'enfant du Bessat, paroisse de Pignols (Pinols), en Auvergne, auquel la Bête avoit tordu le col, et qui est tout à fait dans le besoin[6] ».

« Nous ne savons pas encore si la louve blessée à sang est morte, nous la recherchons dans les environs où elle a été blessée ainsi que ses deux louveteaux ce qui est de la plus grande conséquence à détruire quoi qu'on nous mande ailleurs que deux loups ont dévoré onze moutons en une semaine, de deux hameaux seulement, mais nous nous flattons que si nous avons détruit cette louve et sa maudite race, notre besogne sera bien avancée, ainsi que la saison ici qui nous forcera de discontinuer et de nous en aller.

« Comme je finissois ma lettre, Madame la prieure de l'abbaye des Chazes me vient de mander que les deux louveteaux de cette maudite race ont reparu dans les bois, sans qu'il soit fait mention de la louve blessée en dernier lieu, nous y envoyons ce soir trois valets de limiers, et demain nous irons tous ensemble pour détourner ces deux louveteaux que nous n'avons pas voulu détruire, sans auparavant avoir détruit cette louve.

« A<small>NTOINE</small>[Z]. »

Le lendemain 14 octobre, M. Antoine avec ses gardes se transportait dans la forêt des Chazes, et réussissait cette fois encore à détruire la grande louve qu'il poursuivait :

« L'an 1765, le 14$^{me}$ jour du mois d'octobre, nous, François Antoine… envoyé par ordre de Sa Majesté dans les provinces de Gévaudan et d'Auvergne… à l'effet d'y détruire la Bête féroce et les loups qui ont désolé ces deux provinces, jusqu'à présent ayant le bonheur de tuer le grand et prodigieux loup qui avoit selon toute apparence, la meilleure part de ces désastres. Ayant les ordres de Mgr le Comte de Saint-Florentin de faire notre possible pour détruire la louve et les deux louveteaux du dit loup : À cet effet nous déclarons par le présent procès-verbal nous être trompé dans la dernière chasse ayant déclaré que nous avions blessé à sang ladite louve. Car c'étoit un grand loup qui étoit venu aux hurlements qu'elle faisoit toutes les nuits, et nous ne doutons pas que ledit loup ne soit mort ayant été mourir bien loin des deux coups de fusil bien appliqués qu'il avoit reçus.

« À l'égard du louveteau tiré à ladite chasse, il a été mourir sous une carrière de roches impraticables à fouiller. Depuis ce temps, nous n'avions pas voulu tuer les louveteaux que nous n'eussions tué la mère. Or ayant été averti au Bessat le jour d'hier que ladite louve et ses louveteaux avoient dévoré six moutons, de quoi les cinq valets des limiers avoient connaissance…

« … Nous sommes arrivés ce jourd'huy de bon matin à ladite abbaye des Chazes et les valets des limiers nous ayant fait rapport qu'ils y avoient détourné dans une même enceinte la louve avec son louveteau, nous nous sommes déterminés à les chasser tout de suite. Ayant bien ordonné que l'on ne s'attacha qu'à ladite louve qu'au premier coup de trompe a débuché, ce qui a fait que les chiens ont été une bonne demie heure à la rapprocher bien loin où elle avoit refuit, dans des gorges et des caves terribles où le sieur Regnault s'est transporté avec quelques chiens qui l'ont relancée, et ils l'ont chassée encore environ une heure et demie après quoi ledit sieur Regnault l'a tirée et blessée. Et ensuite elle est venue se faire tuer par deux paysans de la ville de Langeac en Auvergne, dans la même enceinte, et environ vingt pas d'où j'ai tué le grand loup. L'ayant faite ouvrir, nous n'avons rien trouvé dans sa capacité que très-peu de chose. Suivant la mesure prise par nous, elle avoit 26 pouces de hauteur, l'on a reconnu à ses brêmes avoir nourri plusieurs louveteaux, dont il n'y en reste plus qu'un que nous espérons aussi détruire.

« Après quoi les neiges commençant à tomber ici abondamment même sur la Margeride, s'il n'arrive pas de nouveaux malheurs nous serons forcés d'interrompre nos chasses, car il y a 24 jours cejourd'hy que personne n'a été attaqué ou dévoré, mais bien de moutons, chèvres et cochons mangés par les loups qui courent toujours le pays.

« En foi de quoi nous avons affirmé véritable le présent procès-verbal les jour et an que dessus.

« ANTOINE ; LUGEAC, abbesse des Chazes ; BEAUVERGIER, prieure ; PÉLISSIER ; REGNAULT ; DUMOULIN ; LACHENAY ; LESTANG ; LAFEUILLE ; BERRY[8]. »

M. Antoine écrivait le surlendemain, 16 octobre :

« Il n'y a plus qu'un louveteau à tuer, ce que vous verrez par le procès-verbal cy-joint, ce que nous allons tâcher de faire, après quoy nous prendrons quelques jours de repos dont nous avons très grand besoin[9]. »

Et enfin, le 19 octobre :

« Monsieur, j'ai fini ma carrière par la mort du dernier louveteau qui a été tué avant-hier à notre dernière chasse ; nous sommes excédés de fatigue et nos chiens aussy, ce qui nous force à prendre quelques jours de repos avant de partir suivant la permission que j'en ai reçu. Depuis 29 jours aujourd'hui, il n'y a eu aucune nouvelle et personne n'a été dévoré ny même attaqué. Dieu veuille que cela subsiste toujours, j'emporte la mère louve avec un louveteau qui est plus fort qu'elle et qui auroit peut-être égalé son père. C'est pourquoi la défaite en est bonne. Si j'avois eu plus tôt des chiens pour loups, j'en aurois au moins ôté une quarantaine de ces provinces qui reviennent à force…

Antoine. »

« À l'abbaye royale des Chazes[10]. »

L'accommodage préliminaire de la louve et du louveteau avait été plus modeste et moins dispendieux que celui du grand loup :

« Débourcé pour l'accommodage de la louve et du louveteau :

10 livres de foin pour la louve

 7 livres de sel

10 livres de foin pour le louveteau

 6 livres de sel

5 liv. 1 sol

« Pour acquit, Regnault[11]. »

Ce second louveteau, d'après le rapport de M. Lafont, était déjà plus gros que sa mère, et beaucoup plus fort que ne le sont ordinairement les louveteaux de cinq ou six mois que celui-ci pouvait tout au plus avoir ; il avait déjà, comme le gros loup, quatre crochets en avant et quatre en arrière.

Le 30 octobre, M. de Saint-Florentin remerciait M. de Ballainvilliers des nouvelles qu'il lui avait fait tenir concernant les derniers loups tués. « Il y a à présumer que ce sont ces animaux qui ont si longtemps désolé l'Auvergne et le Gévaudan, et je vois avec bien du plaisir que ces pays sont enfin délivrés de ce fléau[12]. »

M. Antoine, jugeant son rôle fini, partait du Gévaudan, le 3 novembre, pour se rendre à Saint-Flour, et de là, à Fontainebleau. Pas n'est besoin de raconter le succès qu'il eut à la Cour et les félicitations qui l'y attendaient.

« M. Antoine de Beauterne reçut la croix de Saint-Louis et mille livres de pension pour récompense de sa bravoure. Son fils obtint une compagnie de cavalerie[13]. » M. Antoine obtint la permission de mettre dans ses armes la Bête du Gévaudan, pour perpétuer la mémoire de son exploit. Le mode d'addition à ces armoiries fut définitivement réglé par M. d'Hozier, le 28 novembre 1766[14].

M. Bès de la Bessière affirme qu'il leva en outre deux cent mille livres dans Paris en faisant voir cet animal. La lettre du 23 septembre, plus haut citée, indique à qui devait effectivement revenir la somme recueillie par cette exhibition.

Enfin, le 28 décembre, M. Antoine adressait, de Versailles, à l'Intendant d'Auvergne, une requête bien légitime :

« Je vous prie de vouloir bien avoir pour agréables les compliments que j'ai l'honneur de vous faire au sujet de la nouvelle année et sans le séparer de la reconnaissance la plus vive sur toutes les bontés que vous avès bien voulu avoir pour moi, lesquelles m'ont prouvé la réussite de ce que le Roi et vos Provinces attendent de tous les efforts que j'ai faits pour y parvenir, et j'ay attendu plus de 100 jours pour pouvoir me flatter moi-même qu'il n'y avoit que ces deux loups qui avoient affecté les deux provinces d'Auvergne et de Gévaudan dont les habitants étoient dans la juste crainte d'être dévorés à tout instant ; mais je suis comblé d'apprendre de toutes parts, entr'autres à M. le marquis d'Espinchal qui arrive, qu'il n'y a plus aucune Bête dévorante dans ces deux provinces et que pour ma propre satisfaction je vous supplie de me faire l'honneur de m'en accorder un certificat signé de votre main tel que j'en ai reçu un de la province de Gévaudan...

« ANTOINE[15]. »

On ne sait point quelle fut la réponse de l'Intendant.

Il est malaisé, en ce monde, de faire de grandes choses sans être entamé par la critique et l'envie : tandis que M. Bès de la Bessière contestait sa victoire à M. Antoine, un professeur de mathématiques essayait aussi de s'attribuer l'honneur du procédé qui avait vaincu la Bête[16].

1. ↑ Bibliothèque de l'Institut. 2803 A. L. POURCHER, p. 964.
2. ↑ Aug. ANDRÉ. *Bulletin de la Société d'Agriculture de la Lozère*. Année 1884, p. 201.
3. ↑ Lettre à l'Intendant de Languedoc du 22 septembre.

4. ↑ a et b Archives du Puy-de-Dôme. C. 1736.
5. ↑ *Ibid.* C. 1736.
6. ↑ On lit dans les comptes de dépenses cette note : « État des services randu au nomé Peirechon domestique du métayer du Bessat qu'il fut blessé par la Bête féroce le trese sétanbre, auquel jay reste quense jours pour le gérir radicalment et jay fournis trois livres dix sols des ongans ou vin. » Il n'y a aucun chiffre au total de ce compte.
7. ↑ *Ibid.* C. 1736.
8. ↑ Archives du Puy-de-Dôme, C. 1736. Il existe deux exemplaires de ce procès-verbal, l'un imprimé sans nom d'imprimeur, l'autre manuscrit.
9. ↑ Ceux qui tuèrent la louve reçurent une gratification :
« Nous soussignés, habitants de Langeac et Chantuéjols, tant pour nous que pour tous ceux icy présents, commendés pour la chasse, reconnaissons avoir reçu de M. Antoine la somme de quarante-cinq livres, sçavoir pour ceux qui ont tué la louve vingt-quatre livres, et le reste pour les autres chasseurs au nombre de vingt-trois.
« Aux Chazes le 14 octobre 1765. *Signé* : Péghaire, Duchamp, Marie. »
« Les deux paysans qui ont tué la louve sont Jean Brun et Pierre Brun. »
(*Ibid.* C. 1737.)
10. ↑ *Ibid.*, C. 1736.
Dans le procès-verbal imprimé, plus haut cité, on avait écrit cette note à la main :
« M. Antoine a depuis mandé à M. de Ballainvilliers que le dernier louveteau a été tué, qu'il est plus fort que la louve et qu'il auroit suivant toute apparence égalé son père en taille et en grosseur. »
11. ↑ *Ibid.*, C. 1737.
12. ↑ *Ibid.*, C. 1736.
13. ↑ Aug. André. *Bulletin de la Société d'Agriculture de la Lozère,* 1884, p. 201.
14. ↑ « L.- Pierre d'Hozier, chevalier du Roy en son conseil, et juge d'armes de la noblesse de France, etc., etc.
Le Roy nous ayant fait savoir par une lettre de M. le $C^{te}$ de $S^t$ Florentin en datte du 11 sep. mil sept cent soixante-six que Sa Maj. avait permis à $F^{ois}$ Antoine écuyer, son porte-arquebuse, l'un des lieuten. de ses chasses et chevalier de l'ordre royal et milit. de $S^t$ Louis, d'ajouter un loup mourant dans l'écusson de ses armes.
… Nous, en conséquence de lad. lettre par laq. Sa Maj. nous ordonne de délivrer au d. r. $F^{ois}$ Antoine notre brevet de réglement sur le nécessaire, et après avoir vu les titres qui justifiant qu'il avoit pour armes un écu d'azur à un chevron abaissé d'or, surmonté de deux étoiles d'argent et trois fleurs

d'Enula campana de même, renversées et disposées en chevron et attachées à une tige de sinople naissante d'un tertre d'or, à la pointe de l'écu, et le tout brochant sur le chevron ; avons réglé pour celles qu'il portera dorénavant, un écu d'azur, à un chevron d'or, surmonté de deux étoiles d'argent et de trois fleurs d'Enula campana de même, renversées et disposées en chevron et attachées à une tige de sinople naissante d'une terrasse d'or sur laquelle est un loup au naturel, couché, ayant la tête contournée et mordant de sa gueule ensanglantée la tige de ces fleurs, blessé d'un coup de feu au-dessus de l'épaule gauche et au-dessous de l'œil droit, ces deux parties aussi ensanglantées. Cet écu timbré d'un casque de deux tiers, armé de lambrequins d'azur, d'or, de gueules, d'argent et de sinople... etc., etc. Le Vendredi 28$^e$ jr. du mois de Novembre de l'an mil sept cent soixante six. Signé : d'Hozier. (Académie de Clermont-Ferrand. — Comm. faite en 1907 par le baron du Roure de Paulin, mort à la guerre.)

15. ↑ Archives du Puy-de-Dôme, C. 1736.
16. ↑ Dans une lettre du 6 avril 1768, le sieur Gravois de Saint-Lubin, maître de mathématiques à Versailles, se plaint de ce que le sieur Antoine s'est servi pour détruire la Bête d'un secret inventé par lui-même et communiqué à la Cour dès le mois de mai 1765 ; il s'agissait « d'une salle cage ou bosquet soit en bois, en fer ou corde, qui sera à jour de toute part ; cette salle sera ainsi construite : elle sera partagée en deux parties, la séparation sera à jour ; une partie sera pour recevoir la Bête dont les portes et planches supérieures seront à coulisses et en état d'arrêter à l'instant la Bête entrante en les laissant tomber ; l'autre partie sera pour mettre les hommes qui seront dans une tranchée pour lâcher le tourniquet sur lequel le « cap de corde sera détenu ». Le petit détroit au bout d'un sentier où les gazettes disent que le sieur Antoine a arrêté et tué la Bête, ne peut être autre chose que le secret en question. « Le fils du sieur Antoine, le jour qu'il a présenté la Bête au Roi, m'a injurié et menacé, dont j'ai informé M. le comte de Noailles, qu'il étoit bien fâché de ce qui m'étoit arrivé, et que je n'avois rien à craindre de cabale. » M. Gra-vois demande à M. l'Intendant d'Auvergne de faire faire une enquête sur les lieux.
(Inventaire des Archives du Puy-de-Dôme, C. 1740, p. 86 .)

# CHAPITRE XXI

# LONGTEMPS APRÈS

L A Bête une fois morte, son souvenir ne s'éteignit pas avec elle. La tristesse de tant de deuils, les longues angoisses des contrées éprouvées, et, pendant trois années, l'anxiété de toute la France qui suivait, avec un compatissant intérêt, les péripéties de cette lutte, avaient rendu sa mémoire inoubliable. L'histoire s'occupa d'elle, ainsi que la gravure : elle eut son barde, et comme la Roche Tarpéienne n'est pas loin du Capitole, elle eut ses détracteurs, par quoi elle n'ignora rien des vicissitudes humaines.

Tout d'abord, en pleine actualité, la gravure s'intéressa à la Bête du Gévaudan. Des placards furent imprimés, dans lesquels, au-dessous de l'image, se lisaient les explications nécessaires au lecteur. Des dessins à la main s'ébauchèrent, des images coloriées furent tracées dont quelques-unes ont survécu et se retrouvent, soit dans les archives, soit dans les vieux papiers de famille. Il existe, à la Bibliothèque nationale, outre un recueil de gravures dressé par M. Magné de Marolles, d'autres estampes à qui firent de nombreux emprunts les feuilles médicales, à l'occasion de la brochure du docteur Puech. Et de ces gravures qui, toutes, voulaient être la véritable image de la Bête, quelques-unes sont vraiment fantastiques, et témoignent combien l'imagination avait été troublée par la terreur et l'épouvante qui régnaient alors.

Entre temps, des circonstances fortuites rappelaient son nom à l'attention du public.

Dans une étude attachante de Lenôtre, sur Georges Cadoudal (*Revue des Deux Mondes*, 1ᵉʳ décembre 1928), on lit ceci : « Sur la porte de l'hôtel de Joseph Bonaparte est placardé cet avis (*sic*) : Home, femme, enfant, prenez garde, la Bête féroce du Gévaudan est ressuscité. Sa course va de la Malmaison au Thuilery, il sabreuve de sang humain, et partout où il peut entasse les victimes, il est permis de courir dessus. »

Puis, la Bête fut mise sur la scène, à l'Ambigu-Comique de Paris, comme on le verra plus loin dans la Bibliographie qui termine ce chapitre, où il est également montré comment elle obtint les faveurs du roman populaire, et même les honneurs de l'Histoire.

Après les dessinateurs, après les historiens, la poésie vint ajouter son apport au renom de la Bête.

M. François Estaniol était maire de la ville de Saugues, en 1852. À la mairie, l'avaient déjà précédé quelques membres de sa famille. Une fois rendu à la vie privée, il voulut utiliser les loisirs que lui faisait la politique. Il avait l'imagination ardente, la plume féconde et le vers facile. Une complainte avait été déjà écrite par lui, sur la Bête du Gévaudan. Une complainte ! Ce n'était point assez, c'est un large poème qui convenait à ce sujet. Et c'est un long poème qu'il écrivit, en trois chants, d'environ quatre cents pages. Le composer lui fut facile, mais l'imprimer !...

Une souscription fut par lui organisée, et des prospectus envoyés à la ronde :

« Souscrivez donc, rares amateurs, vous trouverez dans un assez gros livre de quoi vous amuser, si ce n'est de quoi vous émerveiller. L'auteur y parle des rois, des princes, du clergé, de la noblesse, du Tiers-État, de tout le monde. Chacun y trouvera maintes choses qui le regardent, qui pourront le faire sérieusement méditer, et quelquefois même rire... Des personnes respectables ayant désiré trouver ici un passage de sa poésie, il croit devoir les satisfaire, en leur présentant l'image de la Bête même.

> *Un prêtre, qui la vit, cette bête terrible,*
> *M'en fait le portrait... éloignée, invisible,*
> *Elle excitait dans l'homme un subit tremblement,*
> *Contre lequel, hélas ! il s'armait vainement ;*
> *Et, lorsqu'elle approchait, qu'à travers les bocages*
> *On entendait frémir, remuer les feuillages,*
> *La sueur de la mort coulait, glaçait le cœur...*
> *Le monstre de sa proie était déjà vainqueur !*
> *Que dis-je ? À son aspect, à sa marche rapide,*

*À ses horribles cris, tout un peuple timide*
*Croyait voir le dragon, le furieux Satan,*
*Qui jadis, dans Pathmos, apparut à Saint-Jean...*
 *Pour décrire sa forme et ses traits athlétiques,*
*Susemith, prête-moi tes crayons énergiques,*
*Représentant son chef son air audacieux,*
*La flamme bouillante et rouge de ses yeux,*
*Sa crinière hérissée et sa gueule entr'ouverte,*
*Par l'écume souillée et de sang noir couverte,*
*Montrant sa langue énorme et ses quarante dents*
*Qui pénétraient les chairs comme des traits ardents !...*
*Sa longueur de six pieds, (illusion fatale !)*
*Semblait en avoir vingt, paraissait colossale !...*
*Plus vite que le cerf, revêtu de poils roux...*
*Tel est son corps !... je vais démontrer son courroux.*
Fr. E.

« Condition de la Souscription : Un volume in-8° d'environ quatre cents pages, prix cinq francs, payables à sa réception.

« On souscrit, au Puy, chez M. André Audiard, imprimeur-libraire, Boulevard Saint-Louis. À Mende, chez M. Pécoul, libraire. À Langogne, chez M. Blanquet, secrétaire de la mairie. À Rhodez, chez M. Bonhomme, officier en retraite. À Villefort, chez M. Vidal, notaire (Imprimerie d'A. Audiard, boulevard Saint-Louis. Le Puy). »

La souscription ne donna pas le succès espéré ; le poème ne fut point imprimé, le prospectus seul eut cet honneur.

Après le barde, vint le détracteur.

C'était en 1911. Un éminent professeur de gynécologie à la Faculté de Montpellier, le docteur Puech, après lecture faite de quelques ouvrages sur ce sujet, voulut donner son opinion sur la Bête du Gévaudan. Dans une brochure de vingt-deux pages (*Qu'était la bête du Gévaudan ?*), publiée dans les Mémoires de la Société Académique de Montpellier, après avoir exposé toute une doctrine spéciale, il conclut : « La Bête du Gévaudan n'a jamais existé. À un animal imaginaire on a rapporté ce qui était l'œuvre : 1° de loups ; 2° de mystificateurs ; 3° et surtout d'un fou sadique » (p. 22). Il avait déjà (p. 18) émis cette opinion : « À un sadique assassin, il faut rapporter le plus grand nombre de ces morts qui, de 1764 à 1767, désolèrent le Gévaudan. »

Cette brochure fut reproduite, in extenso, par le docte journal *Æsculape*, et, partiellement, par diverses feuilles médicales ou autres, avec de nombreuses gravures. Sa publication devint le signal d'une formidable levée de boucliers et de plumes acérées. Il semblait que la génération actuelle allait venger les ancêtres des terreurs et de l'épouvante dont, de père en fils, se transmettait l'odieux souvenir. Hé quoi ! cette Bête n'avait même point le mérite de ses méfaits ! le mérite de justifier le sinistre renom qui lui était fait !

On le lui fit bien voir ! L'hallali fut sonné, et dans tous les journaux de Paris ou de province, les plus obscurs folliculaires se sentirent une âme de juge et vaticinèrent sans sourciller, et de façon péremptoire sur la Bête du Gévaudan.

La thèse du docteur Puech fut acceptée sans contrôle.

La Bête du Gévaudan n'a jamais existé !

C'est faire bon marché de l'intelligence et de la perspicacité des populations de deux provinces qui durant trois années consécutives ont été épouvantées par les méfaits du monstre. C'est donner une opinion bien médiocre des connaissances et des capacités des chasseurs, pourtant si réputés, qui l'ont tant de fois poursuivie.

Nous procéderons moins précipitamment, et sans parti pris, nous discuterons la thèse si tranchante du docteur Puech.

1° Qu'il y ait eu des mystificateurs et des simulateurs, on ne saurait en douter, la sottise humaine ne perd aucune occasion de se mettre au jour. Mais leur rôle, en cette occurrence, ne peut avoir beaucoup d'importance, et ne va point jusqu'à tuer ou dévorer les victimes, par quoi ils cesseraient d'être des mystificateurs.

2° Faut-il croire à l'intervention d'un odieux personnage à qui doit être rapporté le plus grand nombre de ces morts qui de 1764 à 1767 désolèrent le Gévaudan ? Sans doute, toutes les opinions sont respectables, et il est possible que, dans le désarroi de cette époque, il y ait eu quelque cas de ce genre, toutefois, aucun fait n'a été apporté à l'appui, et l'auteur de la thèse avoue que les preuves médico-légales manquent.

Cette affirmation, d'ailleurs, si élargie, se heurte à de sérieuses objections.

*a*) Il est bien étrange que les chasseurs émérites qui dirigeaient les opérations et rédigeaient les procès-verbaux des méfaits de la Bête, avec l'expérience qu'ils avaient de la piste et des traces des animaux malfaisants, à l'occasion de tant et tant de victimes dévorées, surtout dans ce pays où la neige tombe presque pendant cinq ou six mois de l'année, n'aient point reconnu, n'aient point même soupçonné, une seule fois, autour du méfait, les traces et les pas d'un homme !

Et, de ces chasseurs quelques-uns, les chefs, n'étaient pas sans culture : le comte de Tournon, le comte d'Apchier, M. Lafont, le syndic du diocèse, M. Duhamel, MM. Denneval, MM. Antoine père et fils.

*b*) D'autre part, n'est-il pas singulier que parmi tant de personnes attaquées qui ont échappé à la dent de la Bête, les unes par leurs propres moyens, en luttant contre elle, les autres par des défenseurs accourus à leurs cris, pas une n'ait reconnu avoir été attaquée par un homme, mais bien par une Bête, et c'est à une Bête, non point à un homme, qu'ont été arrachés les enfants si nombreux, assaillis et près d'être dévorés. Tous les témoignages sont absolument unanimes à ce sujet.

*c)* Puis, cet homme, pendant trois années consécutives comment aurait-il pu cacher ses nombreux méfaits ? « Toujours par quelque endroit fourbes se laissent prendre. » Comment n'a-t-il pas été saisi sur le fait ! Comment n'a-t-il pas été soupçonné même une seule fois, par ses parents, par ses voisins ! On l'aurait, une fois ou l'autre, signalé aux autorités locales ; les lettres le raconteraient, la rumeur publique l'aurait désigné à la vindicte populaire. Mais, rien de semblable. On explique tout, on raconte longuement tous ces carnages, et, la seule chose qui ne soit pas mentionnée c'est la participation d'un être humain à tous ces méfaits.

*d)* Enfin, le dernier loup, une fois tombé sous les balles, on ne vit plus jamais de personnes dévorées ou attaquées : la balle de Chastel aurait donc fait coup double, et tué, tout à la fois, la Bête et l'homme, puisque celui-ci ne paraît plus désormais sur la scène.

On fait grand état de deux victimes qui, dévorées partiellement, furent incomplètement ensevelies sous la terre. Mais, ne sait-on pas, en pays de montagnes, que le loup est coutumier de ce procédé ? S'il ne peut dévorer le mouton ou l'agneau dérobés, il les cache sous une roche, ou dans la terre, pour y revenir plus tard. Ne sait-on pas aussi que cette façon maladroite de ne point cacher entièrement sa proie est le fait du loup plutôt que de l'homme ?

Pour finir, il semble difficile, à un siècle et demi de distance, de juger mieux, de voir plus clair, et de contrôler plus parfaitement les événements que ceux dont l'unique occupation fut, à leur heure, d'étudier, de jour ou de nuit, ces sinistres méfaits.

3° Puisque ce n'est point par des mystificateurs, puisque ce n'est pas davantage par un misérable qui n'aurait pu le faire sans être vu ou tout au moins sans être deviné, qu'ont été commis tant de méfaits, qui donc a dévoré toutes ces victimes ?

Tout simplement la Bête qui mangeait le monde : la Bête du Gévaudan.

Elle a donc existé !

Mais qu'était cette Bête ?

Un loup, pas davantage. Et pourquoi pas ? Seulement ce loup n'était pas seul : il avait un compagnon, et peut-être deux, aussi féroces que lui.

C'est ce qui ressort de la lecture de ce volume, où les chasseurs ne parlent que de loups, où les victimes, tombées sous leurs balles, ne sont que des loups.

Un loup, la grosse, l'énorme Bête tuée par M. Antoine et montrée à toute la Cour : la gravure qui la représente lui donne sa vraie forme de loup.

Un loup encore, le terrible animal tué par Chastel, M. de Buffon en a donné l'assurance.

Une louve, aussi, celle tuée par Terrisse, qu'il faut peut-être associer aux deux autres.

La terreur populaire avait fait de ces animaux une seule personnalité, à qui étaient attribués tous les méfaits. Pas n'est besoin, pour leur besogne sanguinaire, de leur prêter le concours d'un être humain : ils suffisaient à la tâche.

Nous l'avons dit, ces loups une fois tombés sous les balles, il n'y eut plus de carnages, plus de méfaits.

Et, par aventure, n'y eut-il pas quelque victime qui périt sous la dent d'un loup autre que les Bêtes mentionnées ? Qui le sait, et faute de documents, qui pourrait le nier ou l'affirmer ? Et comment ces loups avaient-ils pris goût à la chair humaine ? *La Revue de la Haute-Auvergne* (1911. L'Ours et le gros gibier dans la Haute-Auvergne, page 295, par M. Boudet), nous l'explique de façon très plausible.

« Ce qui est historiquement et scientifiquement certain c'est que des cas accidentels d'anthropophagie déterminent vite l'hérédité chez le loup. Que l'un d'eux, plus hardi ou plus affamé que les autres dévore un être humain, la bande, associée au festin, en conservera comme lui le goût. Il se perpétuera chez les louveteaux que leur mère aura nourris de cet aliment savoureux. Devenus grands, ils le satisferont sur le berger, de préférence à ses moutons, surtout si le berger est une bergère. »

De plus, il n'est pas douteux que, soutenus par une alimentation plus vigoureuse, et rendus plus audacieux par l'impunité, ces loups n'ont pas eu de peine à atteindre des proportions extraordinaires, et à multiplier leurs forfaits.

Pour finir, il est donc bien difficile d'écrire l'Histoire puisque la lecture des mêmes faits et des documents qui les rapportent, fait naître dans les esprits des interprétations si différentes !

Toutefois, ces quelques pages ne seraient pas inutiles, si elles pouvaient, sur ce modeste point d'histoire locale, vaincre les incrédulités intransigeantes, et, tout ensemble, ramener à leurs justes proportions, les exagérations d'imaginations jadis vraiment épouvantées.

# ESSAI ICONOGRAPHIQUE SUR LA BÊTE DU GÉVAUDAN

À notre époque, les études historiques ne se contentent plus de la documentation simplement livresque. On y joint le commentaire corrélatif de l'iconographie, qui n'apporte pas seulement un agrément artistique, mais ressuscite à nos yeux les hommes et les choses d'autrefois.

Ajouterons-nous que l'estampe populaire, c'est-à-dire celle faite par, et surtout pour le peuple, jouit d'une faveur de plus en plus marquée. Champfleury et Garnier nous ont appris, les premiers, à connaître son existence, en discerner les éléments et goûter leur saveur[1]. Depuis, les Perrout, Van Heurcq, Beurdeley, L. Descaves, Duchartre et Saulnier, etc., nous ont amplement renseignés dans de savants ouvrages, que rehaussait souvent le prestige de la belle édition[2].

Aussi le présent volume, relatant les faits et gestes de la Bête du Gévaudan selon les exigences sérieuses de la critique moderne, n'a-t-il point manqué de faire appel à l'image, largement utilisée.

Peut-être cette iconographie, pour être saisie en sa genèse, et appréciée dans son développement, a-t-elle besoin d'un exposé succinct accompagné de quelques réflexions.

Dès l'abord une division toute naturelle s'impose.

D'une part, un cycle bien déterminé se rapporte à l'époque contemporaine des événements eux-mêmes, c'est-à-dire la seconde moitié du XVIIIe siècle.

D'autre côté, une production différente d'esprit et de procédés s'est propagée au cours du XIXe siècle, et se continue actuellement dans le XXe.

Nous les envisagerons successivement.

## L'ICONOGRAPHIE DE LA BÊTE DANS LE XVIIIe SIÈCLE

Au milieu de l'année 1764, un animal féroce, d'une espèce qui semblait inconnue, se révèle par des attaques incessantes et meurtrières contre les paisibles habitants du Gévaudan. Les ravages exercés prennent bientôt les proportions d'un véritable fléau.

Alors, les autorités de la province cherchent à coordonner et diriger les moyens de défense employés spontanément par une population affolée. On organise battues et chasses, on promet des récompenses. L'évêque de Mende, y joignant un appel religieux, l'adresse sous forme de mandement à ses paroisses.

Mais avant tout, ne devait-on point faire connaître l'ennemi poursuivi et qu'il fallait combattre ?

À ce but s'empressèrent les placards et feuilles volantes, que l'on voyait, à cette époque, surgir en masse dès que se produisait un événement notable. C'est que les gazettes et journaux n'étaient guère répandus alors. Peu lus, d'ailleurs, car la foule des illettrés demeurait grande. Pour ceux-là l'image venait suppléer au texte.

En l'occurrence il importait d'agir promptement et de manière économique. À cette double exigence, la simple gravure sur bois répondait parfaitement.

Cependant une difficulté se présenta. La Bête, ainsi qu'on avait dénommé l'extraordinaire et insaisissable animal, ne se laissait point *portraicturer* de bonne grâce. Et les descriptions les plus contradictoires circulaient à son égard, de la part de gens qui n'avaient fait que l'entrevoir à peine, quand encore ils ne la rêvaient pas seulement à travers les mirages de la peur.

Mais les naïfs artistes, pas plus que leur public aussi primitif, ne s'arrêtaient pour si peu. Sans se soucier le moindrement d'une exactitude rigoureuse, il leur suffisait de l'évocation d'un monstre susceptible de frapper les imaginations et de porter la terreur à son comble.

Certes on ne s'en fit pas faute. Dans d'étranges conceptions s'épanouissant en toute liberté, revivait l'inspiration des anciens Imagiers qui, au moyen âge, remplirent leurs *Bestiaires* d'un pullulement d'êtres fantastiques. Tantôt, on s'imaginait un Ours, ou bien un Lynx. Mais la représentation qui prima toutes les autres, fut celle d'une Hyène. Cet animal exotique, connu seulement, et encore fort mal, par les ménageries, se prêtait aux transformations les plus bizarres. Pourvu que les rayures fussent bien marquées, c'était l'essentiel. À cette première époque, la Bête est souvent représentée isolément et sans autres détails accessoires, son aspect seul semblait fournir un spectacle suffisamment suggestif.

Mais les événements se succédant, apportèrent bientôt des sujets de scènes d'un dramatique plus complexe. C'était une jeune fille attaquée, blessant la Bête d'un coup de baïonnette. Puis une mère, au péril de sa vie, lui disputant son enfant emporté déjà. Enfin surtout l'exploit du jeune Portefaix, qui, à peine âgé de douze ans, défendait héroïquement ses petits compagnons et arrachait l'un d'eux à la gueule même de l'animal, lequel é tait forcé de prendre la fuite.

Cependant le bruit de l'extraordinaire aventure du Gévaudan n'avait point tardé à franchir les limites de cette région reculée et perdue des Cévennes. La renommée s'en répandait dans toute la France, et même, dépassant les frontières, parvenait jusqu'aux pays étrangers.

C'est alors que les hautes sphères du pouvoir s'étant émues, la Bête fit, si l'on peut dire, son entrée à la Cour. Elle y devint le sujet de toutes les conversations, et le roi Louis XV, soucieux du bien de ses sujets, donna des ordres et fit prendre des mesures afin de combattre le fléau. D'abord on s'adressa à Denneval, gentilhomme normand, le plus réputé chasseur de loups. Mais ce Nemrod, dérouté par les difficultés du pays et les ruses astucieuses de la Bête, échoua complètement. Dès lors on résolut de frapper un grand coup. Et le sieur Antoine de Beauterne[3], lieutenant des chasses, porte-arquebuse de Sa Majesté, fut envoyé en personne. C'est lui qui, désormais, prit la direction des battues transformées en une véritable petite guerre.

Dans de telles conditions l'Iconographie évolue, afin de se tenir à la hauteur de la situation.

Or, depuis le XVIIe siècle, existait ce qu'on appelait techniquement du nom générique d'*imagerie demi-fine*. Celle-ci s'adressait non plus au menu peuple, mais à un public moyen, déjà sélectionné bien qu'encore nombreux, et qui se montrait plus exigeant. Aussi les estampes à lui destinées, sans prétendre au grand art, étaient-elles du moins traitées avec quelques connaissances de métier et présentées en un tirage meilleur. Parfois même on les ornait d'un coloris franc et vif, qui en augmentait l'attrait. Le siège de cette production spéciale se trouvait principalement à Paris, rue

Saint-Jacques. Et les Basset, les Mondhare s'y étaient fait notamment une réputation.

À l'éclosion simpliste du début succéda bientôt cette seconde floraison. Nous lui devons bon nombre de pièces offrant des compositions mouvementées dans un décor pittoresque[4]. Elles sont devenues rares, et l'amateur de nos jours y goûte, avec l'amusement des scènes représentées, une intime sensation d'art.

Très particulièrement se distinguent les épisodes de chasse. C'est que la vénerie sous l'ancien régime, et jusqu'à la Révolution, formait une véritable institution d'État, avec ses réglementations compliquées et son ordonnancement quasi rituel. Aussi les estampes qui ont trait à l'animal du Gévaudan, si terrible qu'elles le représentent, lui gardent-elles d'ordinaire l'aspect d'un vrai loup. Pouvait-il en être autrement, lorsque paraissaient en face de lui Antoine de Beauterne et ses acolytes officiels ? De tels personnages ne devaient point décemment se commettre avec une Tarasque quelconque, non portée à l'armorial des bêtes noblement courables. Aussi tout l'intérêt se portait-il sur l'action cynégétique elle-même, avec l'accessoire des costumes et de l'armement, ainsi que l'allure des chevaux et l'élan des chiens de meutes.

Ce que nous avons dit de l'imagerie de France semble pouvoir s'appliquer généralement à celle de l'étranger, notamment en Allemagne.

## L'ICONOGRAPHIE AUX XIX$^e$ ET XX$^e$ SIÈCLES

Nous entrons maintenant dans le XIXe siècle.

Certes, bien des événements ont traversé l'histoire de notre pays, plus grands et importants que les exploits de la Bête du Gévaudan, cependant son souvenir n'est pas aboli.

Nous retrouvons sa filiation directe et sa légende calquée, ressuscitant dans ce Loup d'Orléans qui, sous le premier Empire, alimenta l'imagerie populaire. Celle-ci d'ailleurs conservait encore beaucoup des caractères de l'époque précédente. Mais les feuilles volantes, ornées de bois et agrémentées de complaintes, destinées toujours principalement aux campagnes, portaient la curieuse dénomination de : *Canards*[5].

La Bête du Gévaudan se montre dans les *Macédoines*, que la lithographie contribua beaucoup à mettre à la mode. C'étaient de petits sujets variés, émanant parfois d'artistes différents, qu'on réunissait au hasard du pittoresque, sur une même feuille d'estampe. Notre animal y figure, tout comme la girafe, dont l'arrivée à Paris, sous le règne de Louis-Philippe, fut un événement zoologique. Désormais la Bête fait partie du stock classique des monstres légendaires, qui, depuis les temps les plus reculés, n'ont cessé de proliférer : Gorgones et Méduses de l'antiquité grecque, Licornes et Chimères de l'époque médiévale, — et de nos jours même... le fameux Serpent de mer. Puis, la caricature qui ne respecte rien, à l'occasion, s'emparera d'elle.

D'autre part, les livres scientifiques et les traités de vénerie ne manquent point d'en faire mention, à l'article : *Loup*

*(Canis-Lupus)*, mais ils se refusent à lui prêter d'autre apparence que l'aspect ordinaire de cet animal.

Cependant l'intérêt qu'on lui porte ne tarde pas à se manifester sous une forme nouvelle, davantage susceptible de maintenir sa vieille renommée. Nous voulons parler de l'iconographie de fantaisie qui accompagne les productions littéraires. En effet, après avoir paru sur la scène du théâtre, la Bête du Gévaudan devint le sujet d'un roman qui porte son nom. Cette œuvre, d'une intrigue bien menée avec des incidents dramatiques, est due à la plume féconde d'Élie Berthet. Son légitime succès n'a pas cessé, et on la publie encore dans des éditions à bon marché. On s'intéresse toujours, en frémissant, au personnage extraordinaire créé par l'auteur : ce Jeannot aux grandes dents, le lycanthrope, compagnon inséparable du loup, devenu sauvage et aussi féroce que lui. La première parution date de 1858 dans le *Journal pour Tous*, fort répandu alors. Les gravures pittoresques et variées avaient été dessinées par des artistes réputés.

Nous rencontrons, plus près de nous, notre animal dans : *Histoires étranges qui sont arrivées*, de G. Lenôtre. L'excellent écrivain, très renseigné et d'un style si vivant, a bien voulu quitter un moment ses recherches habituelles, pour lui faire l'honneur de le placer à côté des héros, parfois non moins terribles, de la Révolution.

Et nous le retrouverons encore de-ci et de-là : tantôt dans des publications populaires, voire même des contes pour enfants, sans préjudice de l'inévitable carte postale ; tantôt dans des brochures ou articles de revues. Ces deux dernières catégories d'ailleurs, conformément aux tendances modernes que nous signalions dans le début de cet essai, recherchent plutôt l'illustration documentaire.

Certainement, depuis quelques années, la Bête a bénéficié d'un regain d'intérêt et de curiosité.

C'est que, bien qu'il semble qu'on ait discuté à fond — et même résolu les diverses questions la concernant, nous ne savons quelle ombre d'incertitude continue de planer sur elle. On éprouve le vague sentiment que tout n'a pas encore été dit à son sujet, que, du sein d'archives inexplorées ou de vieux papiers de famille, surgira quelque fait nouveau, capable de dissiper les ultimes doutes et d'apporter enfin la complète lumière.

À ce titre, la *Bête du Gévaudan* s'apparente aux énigmes sans cesse remises au jour par notre insatiable besoin d'investigations : Masque de Fer, survivance de Louis XVII, affaire Fualdès, — sans parler des autres. Aussi, le légendaire animal non seulement a chance de rester, mais, après avoir répandu tant de sang, de faire couler encore beaucoup d'encre.

ANDRÉ MELLERIO.

1. ↑ CHAMPFLEURY. *Histoire de l'Imagerie populaire*. Paris, Dentu, 1869. — J.-M. GARNIER. *Histoire de l'Imagerie populaire et des cartes à jouer à Chartres*. Chartres, Imp. Garnier, 1869.
2. ↑ Voir notamment : René PERROUT. *Les Images d'Épinal*. Nouvelle édition. Préface par Maurice BARRÈS. Paris, Paul Ollendorff. — Émile VAN HEURCQ et J.- J. BOKENOOGEN. *Histoire de l'Imagerie populaire flamande*.

Bruxelles, Van Œst et C$^{ie}$, 1910. — Pierre-Louis Duchartre et René Saulnier. *L'Imagerie populaire*. Librairie de France, 1925.

3. ↑ *Note Wikisource :* erreur de l'auteur ici, il fait référence à François Antoine sous le nom « Antoine de Beauterne », un titre de courtoisie porté par son fils cadet Robert-François.

4. ↑ Certaines d'entre elles portent une bordure de petits sujets se voisinant, et qui représentent des épisodes successifs complétant la scène importante. On peut voir là déjà le prototype de ces images d'Épinal, lesquelles, plus tard, nous donneront des histoires entières et suivies : *Petit Poucet* ou *Barbe-Bleue* ; encore aussi des motifs variés qu'unit une idée générale, comme : *Scènes champêtres* ou bien : *Caricatures*.

5. ↑ Voir : Gérard de Nerval. *Histoire véridique du Canard. Le Diable à Paris*. Paris, J. Hetzel, 1845. Vol. I, p. 281 et suiv. — Et : J.-M. Garnier. *Op. cit.* x. *Canards et Canardiers*, p. 287 et suiv.